Perspectivas sociológicas:
o papel da comunicação na superação das injustiças sociais

Luiz Gustavo Lara

O selo DIALÓGICA da Editora InterSaberes faz referência às publicações que privilegiam uma linguagem na qual o autor dialoga com o leitor por meio de recursos textuais e visuais, o que torna o conteúdo muito mais dinâmico. São livros que criam um ambiente de interação com o leitor – seu universo cultural, social e de elaboração de conhecimentos –, possibilitando um real processo de interlocução para que a comunicação se efetive.

Rua Clara Vendramin, 58 Mossunguê
CEP 81200-170 Curitiba PR Brasil
Fone: (41) 2106-4170
www.intersaberes.com
editora@editorainteresaberes.com.br

Conselho editorial Dr. Ivo José Both (presidente) Dr.ª Elena Godoy Dr. Neri dos Santos
Dr. Ulf Gregor Baranow
Editora-chefe Lindsay Azambuja
Supervisora editorial Ariadne Nunes Wenger
Analista editorial Ariel Martins
Preparação de originais Gilberto Girardello Filho
Edição de texto Arte e Texto Edição e Revisão de Textos Gustavo Piratello de Castro
Capa Charles L. da Silva (design) Fred Cardoso/Shutterstock (imagem)
Projeto gráfico Sílvio Gabriel Spannenberg (design) gustavomellossa/Shutterstock (imagem)
Diagramação Estúdio Nótua
Equipe de design Mayra Yoshizawa Silvio Gabriel Spannenberg
Iconografia Celia Kikue Suzuki Regina Claudia Cruz Prestes

Dados Internacionais de Catalogação na Publicação (CIP)
(Câmara Brasileira do Livro, SP, Brasil)

Lara, Luiz Gustavo
    Perspectivas sociológicas: o papel da comunicação na superação das injustiças sociais/Luiz Gustavo Lara. Curitiba: InterSaberes, 2019. (Série Mundo da Publicidade e Propaganda)

    Bibliografia.
    ISBN 978-85-227-0050-9

1. Comunicação 2. Sociologia 3. Sociologia História I. Título II. Série.

19-25901   CDD-302.2

Índice para catálogo sistemático:
    1. Comunicação: Sociologia   302.2
                Cibele Maria Dias – Bibliotecária – CRB-8/9427

1ª edição, 2019.

Foi feito o depósito legal.

Informamos que é de inteira responsabilidade do autor a emissão de conceitos.

Nenhuma parte desta publicação poderá ser reproduzida por qualquer meio ou forma sem a prévia autorização da Editora InterSaberes.

A violação dos direitos autorais é crime estabelecido na Lei n. 9.610/1998 e punido pelo art. 184 do Código Penal.

Sumário

- 5 Prefácio
- 7 Apresentação
- 11 Como aproveitar ao máximo este livro

15 1 Fundamentos básicos da sociologia clássica
- 18 1.1 Positivismo científico: o berço da sociologia
- 25 1.2 A consolidação da sociologia como ciência em um período histórico conturbado
- 28 1.3 Elementos fundamentais da sociologia clássica

51 2 A desigualdade social à luz dos clássicos
- 54 2.1 A desigualdade social na modernidade
- 56 2.2 A desigualdade como fato social: um olhar à luz do funcionalismo sociológico de Émile Durkheim
- 61 2.3 A desigualdade como produto do sistema econômico: uma análise à luz do materialismo histórico dialético de Karl Marx
- 66 2.4 A estratificação social: uma reflexão sobre a desigualdade na perspectiva de Max Weber

79 3 O pensamento sociológico brasileiro
- 82 3.1 Da Colônia à República: uma breve história da sociologia no Brasil
- 86 3.2 Herança histórico-cultural
- 100 3.3 O campo sociológico no Brasil contemporâneo

107 **4 Racismo**
109 4.1 Racismo: um tema global
113 4.2 As origens da discriminação racial no Brasil: um olhar sócio-histórico
121 4.3 A segregação racial estrutural
126 4.4 As representações discriminatórias das relações sociais na literatura e na mídia

141 **5 Sociologia e comunicação**
144 5.1 A crise da razão na modernidade
150 5.2 A Teoria Crítica da Escola de Frankfurt
155 5.3 A virada linguística das ciências humanas e seus desdobramentos na sociologia
161 5.4 A comunicação nas relações sociais do mundo da vida
170 5.5 Qual é o caminho para a emancipação social vislumbrado na teoria do agir comunicativo de Habermas?

179 **6 As relações sociais e a comunicação na democracia**
181 6.1 Ética e comunicação
188 6.2 Ação comunicativa e democracia
191 6.3 O papel da ação comunicativa na concepção dos direitos humanos
198 6.4 Democracia: maioria, minorias e ação comunicativa
203 6.5 A desigualdade sustentada por preconceitos de gênero e de orientação sexual no Brasil

223 Para concluir...
225 Referências
239 Respostas
245 Sobre o autor

Prefácio

O livro *Perspectivas sociológicas: o papel da comunicação na superação das injustiças sociais* trata, na medida certa, de importantes conceitos sociológicos para que possamos compreender as questões sociais que vivenciamos no dia a dia. Nesse sentido, a obra resgata o pensamento social como peça fundamental para o estudante de ensino superior desenvolver sua prática profissional de forma mais efetiva na conturbada sociedade atual.

A despeito de todo o ataque que o estudo da sociologia vem sofrendo nos últimos anos, é importante destacar que os temas abordados no livro são fundamentais para a formação universitária de qualquer curso. Isso porque a sociologia é uma ciência que nasceu com o objetivo de explicar a modernidade, ou seja, visa compreender a sociedade contemporânea e toda a sua complexidade. Nesta obra, de forma excepcionalmente didática, Luiz Gustavo Lara apresenta os autores clássicos necessários para entendermos as bases do pensamento social moderno, assim como a trajetória do pensamento social brasileiro em questões prementes até os dias atuais.

Finalmente, o texto discute com leveza a teoria da ação comunicativa, do filósofo alemão Jürgen Habermas – uma teoria densa que costuma ser de difícil compreensão –, buscando trazer assertivamente ao leitor o arcabouço teórico necessário para a compreensão do argumento mais contundente da obra do autor alemão: entender a realidade social moderna (incluindo-se o contexto brasileiro) somente é possível quando reconhecemos que, em essência, somos seres comunicativos. Ou seja, somos seres gregários porque temos a capacidade de nos comunicar, de produzir sentido pela interação mediada pela linguagem e pelo ato de fala. Isso significa dizer que o mundo se apresenta para nós pela linguagem e pelos diferentes fenômenos discursivos.

Portanto, a qualidade das argumentações que explicam os erros cometidos em toda a história da humanidade, bem como as potenciais respostas para os problemas sociais originados de tais erros, dependem de como são compreendidos os mecanismos da competência comunicativa na dimensão social, na intenção de assumirmos, efetivamente, uma postura emancipada em relação às diferentes formas de dominação do homem pelo homem.

Fábio Vizeu

Apresentação

O campo sociológico nasceu da necessidade de se gerar conhecimento sobre as grandes estruturas formadas pela convivência dos seres humanos, bem como de se compreender a essência dos problemas que delas decorrem. Das tribos primitivas às grandes civilizações, a humanidade edificou costumes e normas de convivência que resultaram no que hoje conhecemos como *sociedade global*.

As obras clássicas dessa área foram pensadas primeiramente na Europa, no contexto das transformações sociais advindas da expansão do capitalismo industrial entre os séculos XIX e XX. Entre os principais nomes, destacam-se Émile Durkheim, Karl Marx e Max Weber, tríade que influenciou de forma indelével o pensamento sociológico brasileiro.

Os pensadores sociais do Brasil inicialmente se inspiraram no funcionalismo positivista de Durkheim. Posteriormente, ancoraram-se na crítica de Marx ao capitalismo, em função dos efeitos colaterais da lógica desse sistema econômico, que o levaria ao colapso estrutural. Alguns desses intelectuais também foram influenciados pelos escritos de Weber sobre o processo de secularização da sociedade ocidental que originou o capitalismo, estruturou o Estado moderno e revelou mecanismos de poder e dominação social.

O pensamento social brasileiro será apresentado sob duas fases: a primeira, que vai até a década de 1930, buscava edificar a identidade do brasileiro com base nas obras literárias, das artes e de ensaios históricos; a segunda, iniciada nos anos de 1940, conferiu maturidade científica ao pensamento sociológico brasileiro.

Durante a década de 1950, um grande movimento intelectual internacional marcou a virada linguística das ciências humanas. Os pensadores vinculados a esse movimento inspiraram novos rumos também para as ciências sociais. A linguagem foi posta como elemento central para a compreensão da sociedade e, com efeito, passamos a compreender melhor que a realidade é construída via comunicação – a ação social pela qual se veiculam conhecimentos, tradições, acordos de convivência e expectativas para o futuro da civilização.

Assim, a sociologia se entrelaçou com a linguagem para a construção de conhecimentos sobre o funcionamento das estruturas sociais, na busca pela superação dos problemas da modernidade. Nesse sentido, a teoria do agir comunicativo de Habermas representa um elo entre a sociologia e a filosofia da linguagem. Sua abordagem nos instiga a compreender as relações sociais por meio da comunicação, buscando superar as contradições da sociedade moderna.

Nesta obra, convidamos você a conhecer alguns dos pensadores da sociologia clássica. Desse modo, você terá múltiplas lentes analíticas para compreender a historicidade das estruturas sociais contemporâneas e o papel da comunicação como via de emancipação social. Você também notará que a sociologia é uma ciência em constante (re)construção, marcada por embates de ideias que buscam compreender o passado e criar expectativas para um futuro melhor para a sociedade.

Algumas correntes se portam sob pretensa isenção perante os fenômenos sociais; outras buscam produzir um conhecimento capaz de eliminar as contradições sociais de nosso tempo. Nesse sentido, esta obra tem especial apreço pela abordagem de Jürgen Habermas, o pensador social crítico que aposta na comunicação como via para a construção de uma sociedade mais participativa, justa e igualitária.

Mais do que oferecer elementos conceituais, este livro tem o propósito de provocá-lo com análises de temas sociológicos, históricos e contemporâneos a partir de várias perspectivas teóricas. Os capítulos ímpares oferecem instrumentos teóricos, expondo as teorias por meio de uma linguagem acessível, sem que isso represente abrir mão de uma compreensão qualificada. Já os capítulos pares exemplificam análises sociológicas possíveis pelas teorias abordadas.

No Capítulo 1, você estudará os fundamentos da sociologia clássica representada por Durkheim, Marx e Weber. No Capítulo 2, apresentaremos possibilidades de analisar o problema da desigualdade social sob a inspiração teórica de cada um desses autores.

O Capítulo 3 oferecerá uma narrativa histórica a respeito do pensamento sociológico no Brasil e dos temas mais presentes durante o desenvolvimento desse campo em nosso país.

No Capítulo 4, faremos uma análise crítica do racismo e do posicionamento de nossos pensadores sociais sobre esse tema ao longo da história.

O Capítulo 5 promoverá uma ligação entre as correntes sociológicas clássicas e a importância da comunicação nas relações sociais. Você perceberá que a sociologia ampliou seus horizontes com a virada linguística, quando a linguagem e a comunicação passaram a ser compreendidas como fundadoras da realidade social.

No Capítulo 6, por fim, discutiremos os potenciais da teoria do agir comunicativo no avanço do debate sobre ética, direitos humanos e o zelo pela dignidade de minorias e grupos vulneráveis da nossa sociedade.

Salientamos que as análises aqui presentes não têm a pretensão de esgotar esses temas, tampouco de se estabelecerem como definitivas. Assim, este livro busca estimular o debate qualificado com uma postura crítica que visa ao entendimento e ao consenso por meio da livre comunicação no mundo. Portanto, as análises incluídas na obra se constituem num convite para que você também utilize o potencial explicativo das teorias sociológicas aqui apresentadas e para que obtenha autonomia na compreensão dos problemas sociais que se revelam em nossos dias.

Como aproveitar ao máximo este livro

Este livro traz alguns recursos que visam enriquecer o seu aprendizado, facilitar a compreensão dos conteúdos e tornar a leitura mais dinâmica. São ferramentas projetadas de acordo com a natureza dos temas que vamos examinar. Veja a seguir como esses recursos se encontram distribuídos no decorrer desta obra.

Conteúdos do capítulo:
- O contexto no q[ual]... científico.
- O nascimento d[e]... dos fenômenos s[ociais].
- Os argumentos [dos] autores clássicos...

Conteúdos do capítulo: Logo na abertura do capítulo, você fica conhecendo os conteúdos que nele serão abordados.

...por meio de seus esforços. O filme... classe e de *status* que pode[m ser]... ciadores do futuro de cada...

Síntese

Neste capítulo, abordamos... um fenômeno que vem se a[centuando]... A sociologia clássica nos oferece p[erspectivas] analíticas para compreendê-la. F[oram apresentadas] análises inspiradas nas abordage[ns de] Durkheim, Marx e Weber.

Síntese Você dispõe, ao final do capítulo, de uma síntese que traz os principais conceitos nele abordados.

direitos do que os estratos sociais
sociedade.

Estudo de caso

Estudo de caso Esta seção traz ao seu conhecimento situações que vão aproximar os conteúdos estudados de sua prática profissional.

Refugiados e xenofobia: p
para a redução dos confli

Nos **últimos anos**, temos observa
fluxos migratórios de nações em
e/ou social) em vários pontos do
grupos refugiados de guerra, de r
países em colapso econômico tê

Perguntas & respostas

Quais são as diferenças entre as d
sileira?

rimeira fase foi marcada por p
vários campos do saber, os qu
ciedade através da literatura, d
e do direito. As questões raciais e
virada do século XX, alguns dos in
estavam alinhados ao pensament
pensadores sociais passaram a va

Perguntas & respostas Nesta seção, o autor responde a dúvidas frequentes relacionadas aos conteúdos do capítulo.

imaginária e nela se aprisionou.

Para saber mais

WEBER, M. **A ética protestante**
Paulo: Pioneira, 1996.

MARX, K. **O capital**: crítica da economia
Civilização Brasileira, 1998.

A obra *A ética protestante e o espí*
derada um clássico de Max Weber
acessível e eloquente, o autor arg
capitalismo, ou seja, sua base mo
ética protestante. Neste livro, vo

Para saber mais Você pode consultar as obras indicadas nesta seção para aprofundar sua aprendizagem.

Questões para revisão Com estas atividades, você tem a possibilidade de rever os principais conceitos analisados. Ao final do livro, o autor disponibiliza as respostas às questões, a fim de que você possa verificar como está sua aprendizagem.

Questões para revisão

1) Com que propósito Comte fun(ciência?

Quais são as diferenças entre a Durkheim e de Marx quanto à f

Marque a alternativa correta:
a) A abordagem marxista prop perante o fenômeno.
b) O funcionalismo sociológic é um sistema de partes inte

1
Fundamentos básicos da sociologia clássica

Conteúdos do capítulo:

- O contexto no qual surgiu o positivismo científico.
- O nascimento de uma ciência que se ocupa dos fenômenos sociais.
- Os argumentos gerais das abordagens dos autores clássicos da sociologia.

Neste capítulo, convidamos você a fazer uma breve viagem ao longo de quase três mil anos que antecederam a nossa sociedade contemporânea. Para compreendermos o nascimento da sociologia, não basta informar que ela nasceu no século XIX; é necessário entendermos certos porquês que levaram a humanidade a acreditar ser conveniente teorizar sobre as leis que regem o comportamento social.

Desde a Antiguidade, o homem parece buscar construir narrativas que possam dar sentido à sua existência e conhecer as leis que regem o funcionamento do universo. A sociologia nasceu no século XIX como uma lente para identificar as leis que regem a sociedade, as quais, se identificadas, poderiam ser utilizadas em nosso favor para a construção de um mundo mais justo, pacífico e próspero.

Neste capítulo, abordaremos alguns dos motivos pelos quais o homem abandonou as explicações místicas e religiosas para adotar a razão humana como motor da geração de conhecimento. Trata-se de uma introdução aos fundamentos da sociologia clássica, cujos pressupostos serão articulados ao longo de toda esta obra, para nos auxiliar a compreender os fenômenos sociais de nosso tempo.

Estudar os autores clássicos da sociologia nos permite formar bases sólidas para compreender o pensamento sociológico atual. Desse modo, você terá condições de identificar de onde elas derivaram e, portanto, quais são seus pressupostos. Os principais autores da sociologia clássica serão apresentados por ordem cronológica: Durkheim, Marx e Weber.

1.1
Positivismo científico: o berço da sociologia

Entre os séculos XIV e XVI, ocorreu uma crise no domínio cultural e político da Igreja Católica que havia perdurado por toda a Idade Média, mesmo após o Império Romano ruir. A postura crítica dos reformistas protestantes, como Martinho Lutero, quebrou a hegemonia sobre a interpretação das escrituras sagradas e, consequentemente, o monopólio sobre a verdade (Mello; Donato, 2011; Illescas, 2010). Como consequência desse conflito religioso, a narrativa teológica de que a humanidade era conduzida sob planos divinos preconcebidos foi enfraquecendo e, aos poucos, o ser humano tomou para si a responsabilidade de conduzir o futuro da civilização (Dawson, 2014).

Nesse momento histórico, o homem euro-ocidental se deu conta de que o futuro dependia de si mesmo, e não do cosmo ou de divindades – como ocorrera em tempos antigos. Desse modo, houve significativos avanços no pensamento da busca pela verdade com base na razão, o que possibilitou gerar conhecimentos sobre as leis da natureza, desmistificando-a. Conhecendo as leis do mundo natural, seria possível que a humanidade as utilizasse para a promoção do progresso.

Assim, a faculdade humana de pensar por si e tirar conclusões por meio desencadeamento lógico de ideias passou a ser o motor da geração de conhecimento (Hessen, 2012). É como se em meados do século XV uma luz para o saber humano tivesse se acendido. É por isso que esse período deu bases para que no século XVII surgisse o Iluminismo. Ou seja, ele representou a saída da Idade das Trevas, um período em que o homem deixou a obscuridade do misticismo religioso que por séculos dominou a explicação da existência e passou a aspirar a construção de um saber racional (Hessen, 2012; Mello; Donato, 2011).

Figura 1.1 René Descartes (1596-1650)

Desse ponto em diante, a formação de conhecimento rompeu com a religião, e os pensadores passaram a explicar o mundo com base em uma capacidade que emanava de si mesmos: a racionalidade.

René Descartes (Figura 1.1), pensador francês do século XVII, é considerado o pai da filosofia moderna. Inconformado com um saber tradicionalista baseado no misticismo religioso, ele buscou desenvolver um método para obter a verdade sobre as coisas do mundo e que não fosse baseado em fundamentos inquestionáveis, como os dogmas ou a fé religiosa. Então, formulou um método racional para a apreensão da verdade, o qual consiste num pressuposto que você já deve ter ouvido muitas vezes: *Penso, logo existo*. Pois é, essa afirmação pertence a esse grande pensador e provém do latim *cogito, ergo sum*, ou seja, "penso, logo sou". Esse método ficou conhecido como *cogito cartesiano*.

*Através dessa proposição, Desca*rtes (1979) sugeriu que deveríamos questionar sistematicamente todas as explicações, tudo o que havíamos herdado da tradição do conhecimento da Idade Média. Com isso, ele chegou num ponto de partida: a primeira coisa de que ele podia ter certeza era de sua própria existência, pois ele era capaz de pensar sobre ela. Se ele podia ter certeza de que existe, por meio do questionamento radical, seria possível desmistificar algumas verdades que não foram questionadas o suficiente. O que existe? Somente o que resiste ao questionamento radical da razão.

A filosofia racionalista de Descartes gerou embates contrários, entre os quais se destacou uma corrente de pensamento inglesa representada por Francis Bacon e John Locke, conhecida como *empirismo*. Mas o importante aqui é saber que esse foi apenas o início de algo que viria a se tornar o que conhecemos por *ciência moderna*, movida pela busca de um método para se chegar à verdade sobre as coisas. Logo, os primeiros campos da ciência começaram a ser delimitados: física, biologia, química etc. (Hessen, 2012).

Os séculos XVII e XVIII representaram uma era de avanços que permitiram um salto civilizatório, pois estava claro que a construção do futuro da humanidade dependeria do desenvolvimento de um saber confiável e científico. Mas esse período também foi marcado por conflitos políticos e sociais. Tudo estava acontecendo de forma muito rápida, afinal, não havia registros de períodos de mudanças simultâneas tão abruptas de ordem econômica, política, filosófica em um espaço tão curto de tempo. Lembremos que durante a Idade Média o mundo viveu um longo período de transformações lentas. Assim, os significativos avanços científicos que inauguraram a Idade Moderna vieram acompanhados de profundas mudanças nos campos político, econômico e social (Quintaneiro; Barbosa; Oliveira, 1999).

Nesse mesmo contexto, foram consolidados os Estados nacionais modernos, em maioria de natureza monárquica absolutista, surgidos após o colapso do feudalismo. A expansão de centros comerciais urbanos era o produto social da mudança da lógica econômica, pois havia um grande fluxo de êxodo rural de pessoas sem propriedade que se aglomeravam nas cidades, formando uma economia comercial e mercantil.

Os conflitos sociais começaram a ficar cada vez mais acentuados. Na França, o final do século XVIII foi marcado pelo descontentamento da população com seus monarcas. Entre populares e militantes, havia a exigência de mais liberdade, igualdade e fraternidade, opondo-se ao governo monárquico absolutista desmoralizado por corrupção e privilégios insustentáveis. Entre vários fatores que tornaram a atmosfera social instável, o que incluía os anseios por um governo mais justo, a revolta popular culminou no episódio histórico conhecido como a *Revolução Francesa*. Como consequência, surgiram as bases do Estado moderno, com a separação de poderes – até então, concentrados pela monarquia –, a eliminação das amarras que prendiam a França ao feudalismo e a elaboração de uma constituição que regeria o Estado. O acontecimento também ficou marcado pelo emblemático julgamento do monarca pelo seu povo, com a execução do Rei Luiz XVI, que teve a cabeça cortada por uma guilhotina em praça pública (Quintaneiro; Barbosa; Oliveira, 1999).

Em meio a essas transformações e conflitos, Auguste Comte (Figura 1.2) emergiu na França como o fundador de um campo do saber que se ocuparia em explorar as leis que regem o funcionamento da sociedade. Para aquele intelectual, esse novo campo da ciência integraria todos os demais que já existiam, uma vez que, naquela época, a ciência se expandia em campos distintos. Assim, pela sociologia, seria integrado e concluindo um saber universal, superior a todos os conhecimentos das ciências desenvolvidos até então (Giannotti, 1978).

Figura 1.2 Auguste Comte (1798-1857)

É necessário ressaltar que Comte não foi o único a notar a necessidade de uma ciência que reconhecesse o campo social como objeto de investigação. Eram muitos os teóricos que buscavam identificar as leis que regiam o funcionamento da sociedade. O próprio Comte havia sido secretário do Conde de Saint Simon, que já delineava o que chamaria de *conhecimento positivo* – mas, em função de algumas divergências, ambos se distanciaram. No entanto, foi na obra *Curso de filosofia positiva* que Comte (1978) lançou as bases de uma proposta de filosofia que integraria os campos do saber. O pensador estava convencido de que o conhecimento passava naturalmente por três fases distintas na história humana: teológica, metafísica e positiva.

A fase **teológica** oferecia uma forma primitiva de explicação para os fenômenos da realidade, baseando-se no misticismo e na religiosidade. Isso nos remete às formas de explicar a realidade adotada pelos gregos: mitos, deuses etc. Não diferente, na Idade das Trevas, o conhecimento válido, ou seja, a verdade, era obtido pela narrativa religiosa, a qual as pessoas não eram autorizadas a questionar, apenas assimilar como verdadeira (Comte, 1978).

A fase **metafísica**, para Comte, era uma evolução que contrapunha o pensamento teológico. Caracterizava-se por explicações abstratas da realidade, muitas vezes incapazes de serem confirmadas materialmente, por se basearem apenas em abstrações e na estética do pensamento. Descartes, por exemplo, baseou seu método filosófico na compreensão da existência das coisas em termos abstratos, assimilados pela substância pensante, uma instância abstrata do ser que pensa. Para Comte, isso também não se sustentava, pois tais abstrações não passavam de devaneios incapazes de constituir uma base sólida de conhecimento sobre o mundo material.

A terceira fase anunciada por Comte foi a **positiva**. O pensamento positivo consistia na sistematização de todo o saber científico em torno de uma doutrina comum, permitindo, assim, a integração dos saberes científicos existentes. Até aquele momento, as ciências físicas e biológicas, por exemplo, apesar dos significativos avanços no século XVIII, eram, aos olhos de Comte, incapazes de se integrar como conhecimentos científicos. Ele apontou que a desintegração ocorria porque cada campo possuía protocolos distintos de investigação para a obtenção da verdade. Era necessário promover a unificação da ciência por meio de uma doutrina filosófica: o positivismo (Comte, 1978).

Comte (1978) acreditava ter iniciado um projeto de sistematização e ordenamento de todo o conhecimento científico, e isso inaugurava uma nova era marcada pelo progresso. Para a sociedade progredir, não bastariam reformas políticas: era necessária uma reforma do conhecimento, que, por consequência, produziria uma ampla reforma social, conduzindo a humanidade ao seu estado civilizatório mais perfeito (Quintaneiro; Barbosa; Oliveira, 1999). Para ele, as perturbações sociais, como a Revolução Francesa, eram o produto do conflito de modos de pensar entre os quais somente o positivismo seria capaz de triunfar.

O pensador se referia à necessidade de explorar a *física social*, nomenclatura inspirada na física, por ser considerada uma ciência robusta e madura, com métodos de investigação válidos e livres de devaneios de filósofos ou teólogos. Portanto, a ciência que se ocupasse dos fenômenos sociais deveria ter robustez pelo menos equivalente à ciência que se ocupava dos fenômenos físicos. O pensador estava tão convencido de que era necessário promover uma renovação social por meio da filosofia positiva que chegou a fundar uma igreja. Sua pretensão era de que o positivismo se tornasse a religião universal da humanidade, baseada na **ordem** e no **progresso**.

> *Ordem e progresso*. Palavras familiares? Pois é! O movimento republicano brasileiro era formado por entusiastas do positivismo que influenciaram tanto na construção da Constituição de 1891 quanto no lema da bandeira do Brasil (Giannotti, 1978). No país, os entusiastas do positivismo chegaram a fundar alguns templos da Igreja Positivista, dentre os quais ainda existe o primeiro deles, fundado no Rio de Janeiro em 1881.

1.2
A consolidação da sociologia como ciência em um período histórico conturbado

Comparada a outras ciências mais maduras, a sociologia é ainda muito jovem – a física e a astronomia, por exemplo, são milenares. Como consequência, a construção desse campo do saber tem sido controversa e conflituosa desde sua origem. Qual é o papel da sociologia? Entender os mecanismos do funcionamento da sociedade ou transformá-la? Antes de entrarmos nesse debate, vamos relembrar o contexto dos séculos XVIII e XIX.

O surgimento do capitalismo na Europa Ocidental desestruturou simultaneamente princípios morais, religiosos, filosóficos e jurídicos. Toda estruturação social baseada na tradição sucumbiu a esse novo modo de produção, que utilizou a força de trabalho de ex-camponeses e artesãos que, sem poder competir com a produção em larga escala, passavam a vender sua força de trabalho e operar máquinas produtivas construídas com o avanço da engenharia aplicada à indústria (Quintaneiro; Barbosa; Oliveira, 1999).

As cidades foram transformadas em algo distinto do que costumavam ser: a paisagem já não era composta por corporações de ofícios ou comércios de artesãos, mas por uma aglomeração crescente de pessoas sob o céu cinzento das fumaças das chaminés que queimavam carvão para mover máquinas a vapor nas indústrias. As movimentadas feiras comerciais dividiam espaço com uma população de fluxo de operários, miseráveis, desocupados, ladrões, saltimbancos etc. A violência, a promiscuidade e a pobreza tornavam-se naturais em cidades cuja densidade demográfica crescia incontrolavelmente (Quintaneiro; Barbosa; Oliveira, 1999).

As condições sanitárias das grandes cidades que se formavam ao redor das indústrias eram péssimas. O índice de mortalidade infantil era alto, assim como a proliferação de doenças entre os adultos. Banhos diários, por exemplo, eram tomados somente pelos nobres sob prescrição médica, e entre as camadas mais pobres essa prática era considerada danosa à saúde. Durante o século XIX, a população das maiores cidades europeias cresceu aproximadamente 50%, mas sob péssimas perspectivas. Na França, por exemplo, a expectativa de vida era de 38 anos (Quintaneiro; Barbosa; Oliveira, 1999).

As leis vigentes não eram capazes de amparar a tão diversa e emergente população. Dessa forma, surgiu um verdadeiro exército de marginalizados, pessoas sem os mesmos direitos da burguesia, que, como classe, prosperou após o feudalismo e detinha propriedades, fábricas e equipamentos de produção. Assim, tornou-se o modelo dominante na sociedade (Quintaneiro; Barbosa; Oliveira, 1999).

Nas indústrias, as condições de trabalho eram precárias. As jornadas de trabalho de 12 a 16 horas foram aumentadas para 18 quando surgiram as iluminações elétrica e a gás. Com certeza, se você voltasse no tempo, ficaria escandalizado(a) com o tratamento dado às crianças: a mão de obra infantil era explorada com naturalidade. Apenas na Inglaterra foi imposta uma restrição de que as crianças de até 13 anos deveriam trabalhar até, no máximo, nove horas por dia (Quintaneiro; Barbosa; Oliveira, 1999).

A industrialização também rompeu com uma relação entre o tempo natural e o tempo mecânico. Até então sob tradições milenares, o campesinato seguia um tempo orgânico de produção, no qual ele próprio se integrava: a duração da luz do sol, o tempo das plantas, o crescimento dos animais e suas próprias condições de esforço diário. Já nas fábricas, o gerenciamento do trabalho em função do tempo da máquina causou uma ruptura abrupta na forma de o homem se relacionar com seu trabalho. As horas de trabalho vendidas ao empresário conferiam a este o direito de ditar qual seria o ritmo da produção à qual o operário teria que se submeter, sem considerar as condições físicas individuais dos trabalhadores. Ainda no século XIX, surgiram agrupamentos de operários que coletivamente buscavam melhores condições de trabalho (Quintaneiro; Barbosa; Oliveira, 1999).

Os primeiros pensadores da sociologia buscavam compreender o funcionamento das estruturas. Olhavam para os fenômenos da realidade com neutralidade e, sem engajamento a uma causa específica, procuraram descrever as leis que regiam tais estruturas. Entretanto, o mesmo contexto de avanços industriais e conflitos sociais foi determinante para o surgimento de uma corrente sociológica que visava transformar a sociedade em algo melhor do que se apresentava. Outros pensadores buscaram compreender o aprisionamento da sociedade em suas próprias concepções de estrutura social perfeita e racional.

1.3
Elementos fundamentais da sociologia clássica

Como discutimos, a sociologia, por ser uma ciência ainda muito jovem, é também controversa. Seu papel é descrever a sociedade como ela é ou transformá-la em algo melhor do que ela se apresenta? É possível prever os rumos que uma sociedade poderá tomar? Para responder a essas questões, chegamos ao momento em que faremos a distinção entre três importantes pensadores da sociologia clássica: Émile Durkheim, Karl Marx e Max Weber. Entre tantos pensadores do século XIX e início do século XX, eles se consolidaram com fortes correntes de pensamento sociológico, cada um com uma perspectiva própria, mas, muitas vezes, radicalmente divergentes.

Por que estudar os clássicos? Eles não estão desatualizados? Obviamente, a sociedade sobre a qual essas mentes brilhantes do pensamento sociológico desenvolveram suas ideias já se transformou. Entretanto, para chegarmos às abordagens atuais, é importante compreendermos os paradigmas que lhes sustentam, tendo em vista que pouco mais de um século nos separa dos clássicos – um tempo curtíssimo na história da humanidade. Portanto, ainda que a sociedade tenha se transformado de forma intensa desde o século XIX, sem bases teóricas sólidas, podemos cair em erros de anacronismo ou interpretações distorcidas sobre aquilo que os autores disseram a respeito da sociedade da qual derivou a sociedade atual.

1.3.1
Émile Durkheim

Émile Durkheim (Figura 1.3) foi o responsável por instituir a Sociologia como uma disciplina acadêmica. Só por isso, ele já merece todo o nosso prestígio, mas suas contribuições foram muito além disso. Embora seja considerado herdeiro do projeto comteano, Durkheim ficou desconfortável com as ideias de uma religião da humanidade e continuou o desenvolvimento metodológico sob bases racionais. Numa de suas obras, *As regras do método sociológico*, o autor apresentou as diretrizes da ciência social que claramente o distanciavam da conotação religiosa que Comte tinha dado ao saber científico (Quintaneiro; Barbosa; Oliveira, 1999).

Figura 1.3 Émile Durkheim (1858-1917)

É importante ressaltar que Durkheim compreendia a lógica da sociedade como se fosse um sistema em homeostase: ou seja, mesmo que o funcionamento da sociedade apresente algumas anomalias, a tendência é de que ele evolua para um equilíbrio (Durkheim, 1999). É como se a evolução social fosse uma lei natural: partimos das tribos primitivas e formamos uma civilização, do simples para o complexo, do pequeno para o grande, numa espécie de progresso constante que nos leva a um estado de perfeição em termos de convivência (Durkheim, 1999). Essa era uma ideia central do Iluminismo: seria o esclarecimento (pensamento racional) que nos conduziria à liberdade, à igualdade e à fraternidade (Quintaneiro; Barbosa; Oliveira, 1999).

Compreender a sociedade sob o ponto de vista de sua harmonia funcional de forma nenhuma significa assumir que ela é sempre pacífica. Porém, para Durkheim (1999), as disfunções eram inerentes ao processo de desenvolvimento da sociedade. Tratava-se de **fatos sociais** que serviam para que a sociedade evoluísse por meio de sua superação. A sociologia teria, assim, o papel de conhecer as leis que regem os comportamentos homogêneos na convivência coletiva. Essa ciência deveria, portanto, investigar fatos sociais.

Eis o ponto de partida: existem leis que regem a sociedade mas que estão fora da consciência individual, e independentemente da vontade do sujeito, ele sofrerá as consequências de suas ações segundo leis e costumes que já eram vigentes antes mesmo de ele nascer. Um fato social é, então, algo que tem vida na coletividade, ou seja, fora da consciência individual, e atua coercitivamente sob comportamentos desviantes em relação àquilo que se herda como tradição (Durkheim, 2010).

Vamos a dois exemplos de fatos sociais: se você porventura resolver sair pela rua sem roupas, logo receberá olhares de reprovação social e não demorará para que seja denunciado. Provavelmente, uma autoridade policial lhe conduzirá para uma delegacia, por ter cometido um atentado violento ao pudor. Ainda que você, individualmente, interprete a nudez em local público como uma manifestação de qualquer outra natureza, temos plena certeza de que, em função de uma herança de regras sociais, você quebrará uma regra de convivência: para sairmos em locais públicos, temos de nos vestir. Note que não precisamos analisar o mérito do justo ou do injusto, se é algo progressista ou conservador, correto ou errado. Uma das poucas certezas de que temos é que, se isso acontecer em uma rua qualquer, onde não há quaisquer acordos prévios para uma manifestação como essa, rapidamente você receberá sanções sociais. Isso é fato, um fato social.

Mas como se presume que a sociedade está sempre em constante progresso, os fatos sociais também se transformam ao longo do tempo. Vamos a uma outra situação: as crianças na Revolução Industrial eram consideradas miniadultos, ou seja, eram força de trabalho (Quintaneiro; Barbosa; Oliveira, 1999). Era um fato social que, tão breve quanto pudesse exercer uma função fabril – normalmente, próximo aos nove anos de idade –, uma criança inglesa de família proletária trabalharia em uma longa jornada de mais de dez horas. Trabalhar durante a infância era um fato que se impunha à consciência individual e simplesmente acontecia, independente da vontade da criança.

Ora, note como a sociedade evolui: atualmente, é condenável que uma criança trabalhe num ambiente fabril. Se isso acontece, impera o fato social de que os responsáveis pelo infante e o explorador de sua força de trabalho sejam punidos na forma prevista pela lei. Essa lei rege a ordem social, e se algum caso lhe escapa, provavelmente pelas suas anomalias, são promovidos ajustes na busca de um convívio harmonioso tão breve elas sejam superadas (Durkheim, 2010).

É importante ressaltar que as mudanças das leis que imperam sobre o comportamento individual não surgem de uma consciência individual, mas de uma evolução da consciência coletiva. Por exemplo, ainda que a atual Lei n. 10.097, de 19 de dezembro de 2000 (Brasil, 2000), do Código Civil Brasileiro, que proíbe a exploração do trabalho infantil, tenha sido sancionada por Fernando Henrique Cardoso nos anos de 2000, ela não foi uma elaboração individual do ex-presidente, tampouco um reflexo da mentalidade de um congressista, mas sim um fato social que se materializou na forma de lei com base nos anseios da coletividade.

Nesse momento, você pode estar pensando: existem regras de convivência que não são respeitadas! Por exemplo, não se deve matar, não é mesmo? Entretanto, todos os dias ocorrem homicídios Brasil afora. Note que, ainda que eventualmente os responsáveis não recebam a punição imediata da lei, eles recebem imediata reprovação social: esse é o fato social.

Portanto, um fato social é algo exterior ao indivíduo, que o constrange e o regra independentemente de sua vontade. Entretanto, as regras sociais emanam de uma espécie de vida coletiva, que não pode ser representada por ninguém individualmente. Durkheim (2010) também descreveu a possibilidade de a sociedade se deparar com situações inéditas perante as quais a tradição não prevê uma forma adequada de se portar. Ele chamou isso de *anomia*. Porém, a transgressão com a qual a tradição, os bons costumes, a lei ou a coletividade não consegue lidar com facilidade exigirá uma evolução para ser corrigida, até atingir o equilíbrio funcional da sociedade.

1.3.2
Karl Marx

A abordagem marxista da sociologia é caracterizada por uma postura crítica perante a realidade. Enquanto seus antecessores buscavam apenas descrever o funcionamento da sociedade, Karl Marx (Figura 1.4) queria intervir nela. O pensador alemão se portou criticamente perante as injustiças sociais que estavam à sua volta e tinha a intenção de descobrir as leis que não estavam aparentes, uma vez que a superestrutura aparente da sociedade era sustentada por uma infraestrutura não tão evidente (Marx; Engels, 2007).

Figura 1.4 Karl Marx (1818-1883)

Marx tinha a pretensão de elaborar um método que lhe permitisse compreender o passado da sociedade e, entendendo a essência das mudanças, prever os rumos que ela tomaria no futuro. O pensador, então, desenvolveu uma teoria social de base histórica. Por meio de seu método analítico, o materialismo histórico dialético, ele concluiu que todas as sociedades se organizavam pela forma com que produziam bens de que necessitavam para consumir. Em outras palavras, todas as vezes se que mudava a forma de produzir bens materiais, inaugurava-se um novo sistema econômico e, consequentemente, uma nova configuração da estrutura social.

O filósofo reparou que nas comunidades primitivas não havia propriedade privada, e tudo o que o homem precisava para viver era obtido na natureza, considerada um bem coletivo ou um bem comum. Em torno da dinâmica de produzir bens materiais para a sobrevivência, surgiam estruturas sociais, e essa parecia ser uma regra de como e por que as pessoas se organizavam em grupos e formavam sociedades.

Entretanto, na medida em que conseguiu empregar o uso de ferramentas para dominar a natureza, o homem se excluiu dela e passau a explorá-la como uma coisa, um objeto. Sendo os recursos naturais uma coisa, é possível que pertençam a alguém, ou seja, podem se tornar propriedades privadas. A consequência disso é a seguinte: aqueles que possuíam terras tinham condições de explorá-las de forma autônoma; já quem não as tinha restava vender sua própria força de trabalho para que, assim, pudesse tirar seu sustento. Desse modo, uma característica do capitalista é que ele concentra para si dinheiro, terra e a força de trabalho de outras pessoas.

Marx notou, ainda, que em todos os sistemas econômicos havia uma recorrência: contradições internas faziam com que aqueles sistemas colapsassem, originando outro. O próprio capitalismo havia se originado do colapso do feudalismo. Quando os senhores feudais perderam o poderio em função de crises agrícolas, as pessoas, que antes cultivavam suas terras e lhes pagavam tributos de colheita, começaram a migrar para os arredores dos castelos, onde havia mais segurança em função do poderio de guarda monárquico. Com isso, formaram-se os burgos, pequenos centros comerciais de onde surgiu uma classe de atravessadores de mercadorias: a burguesia. Quando a monarquia ruiu por completo, esse sistema mercantil capitalista ganhou grandes proporções, e aqueles comerciantes que haviam acumulado dinheiro passaram a comprar ferramentas e a explorar a mão de obra daquelas pessoas que não as tinham (Rezende Filho, 1997).

Com a chegada da maquinaria industrial impulsionada pela descoberta da máquina a vapor, o capitalismo adquiriu sua característica mais marcante: uma pessoa que detinha máquinas, terra e dinheiro contratava outra que não tinha nada disso para que trabalhasse a seu favor. Entretanto, ao comprar a força de trabalho de outrem, o capitalista ganhava o direito de ditar o ritmo de produção, cada vez mais acelerado não em função da capacidade humana, mas em função do ritmo das máquinas, que eram constantemente aperfeiçoadas para produzir mais e em menor tempo.

Como consequência, os artesãos, que produziam mercadorias de forma lenta com técnicas manuais, não tinham como competir com uma fábrica operada por homens e máquinas. Logo, acabavam falindo, deixavam de ser autônomos e passavam a ser empregados de um capitalista. Mas essa mudança foi tão acentuada que muitas pessoas ficaram sem trabalho, pois não tinham condições de competir com a força da máquina a vapor. Elas se acumulavam nas cidades, tornando mais fácil para o capitalista, cada vez mais rico, contratar pessoas que imploravam por um trabalho para sobreviver.

Foi dessa forma que as pessoas se tornaram como mercadorias. Aliás, a expressão *mercado de trabalho* foi cunhada mediante o pressuposto de que a força de trabalho das pessoas se tratava de uma mercadoria a ser negociada. Como mercadorias, elas acabavam sendo substituíveis, e toda vez que ficavam improdutivas (por doença, idade, desgaste etc.), simplesmente alguém com melhores condições de saúde tomavam seus postos e continuava a produzir no ritmo da maquinaria industrial.

Se o operário não ascendia de classe ou ficava mais miserável enquanto o capitalista burguês prosperava, isso significava que, aos poucos, o capitalismo estava produzindo uma massa de miseráveis e uma minoria rica. É como uma pirâmide com uma base crescente e um topo restritivo: não há lugar para muitos lá em cima, e lentamente as pessoas vão se acumulando na base paupérrima dessa estrutura.

Concluindo que a história é movida pela luta de classes, Marx acreditava na necessidade de os operários tomarem consciência de sua condição de explorados para que, coletivamente, tomassem uma atitude na intenção de promover mudanças para a construção de uma sociedade igualitária. Isso seria obtido por meio de uma Revolução Proletária. Como cada capítulo da história foi produto da luta de classes, no capitalismo esse embate ocorreu entre proletários e burgueses. Se os proletários lutassem para destituir os meios de produção da burguesia, rapidamente o capitalismo ruiria e daria lugar a um novo modelo econômico: o comunismo (Nobre, 2004).

O autor estava realmente convencido de que o capitalismo estava prestes a ruir, e inevitavelmente a classe trabalhadora possuiria os meios de produção, que eram propriedade da classe burguesa. Observando a sociedade do século XIX, Marx notou a degradação das condições de trabalho fabril, que recrutava trabalhadores entre uma massa crescente de miseráveis que perderam suas posses rurais e que se acumulavam nos centros urbanos na esperança de obter trabalho para sobreviver. Para ele, as pessoas não prosperavam trabalhando para o capitalista; pelo contrário, elas se tornavam cada vez mais vulneráveis, pois aquele que detinha capital pagava aos operários menos do que aquilo que eles geravam de riqueza.

Em uma ilustração simples, imagine que um operário produz cem peças de um produto por dia, mas ao final da jornada recebe apenas o proporcional a dez delas. Essa diferença entre o trabalho recebido e o trabalho não pago foi denominada por Marx (1998) de *mais-valia*. Desse conceito ainda derivaram suas divisões: (i) mais-valia absoluta, que é a diferença entre o que foi produzido e o que foi pago; (ii) mais-valia relativa, que se trata do aumento da mais-valia em função da maior eficiência na produtividade, seja em função de tecnologia, seja pela imposição de um ritmo de produção mais acelerado.

Desse modo, a mais-valia, ou seja, o trabalho não pago ao trabalhador, seria a fonte do lucro do capitalista. Entretanto, sem entrar na discussão de fundamentos econômicos, mas sim sociológicos, Marx pretendia evidenciar que, no modelo de produção capitalista, quem detinha os meios de produção – isto é, o burguês capitalista –, acumulava riqueza de forma desproporcional, pagando ao operário assalariado somente uma quantia que lhe permitisse sobreviver e chegar com disposição para trabalhar no dia seguinte.

A literatura marxista inaugurou uma postura crítica nas ciências sociais. Marx queria conscientizar os explorados de que era possível dar origem a um mundo diferente pela mobilização dos operários. Mais do que apenas descrever a realidade social como ela era, ele queria compreender o funcionamento da infraestrutura social para poder acelerar

> a história e superar as contradições do capitalismo de forma mais rápida. Por isso, ao abordar o tema desigualdade, a lente crítica do marxismo revela-se frutífera. Trata-se de uma lente crítica que visa promover a emancipação, ou seja, dar luz às contradições entre a aparência e o real no que se refere às relações entre classes sociais (Nobre, 2004).

Assim, podemos afirmar que todas as correntes críticas da sociologia são, de certa forma, devedoras do pensamento marxista, pois Marx, em seu tempo, inaugurou uma postura de descontentamento perante a frustração com uma sociedade de crescente desigualdade. Sua intenção era mostrar que, como o capitalismo estava condenado a colapsar, em função das contradições que o próprio autor reforçava, era preciso acelerar o processo histórico para alcançar, o mais rápido possível, uma sociedade sem classes.

1.3.3 Max Weber

O sociólogo alemão Max Weber (Figura 1.5) teorizou sobre o processo de racionalização da sociedade ocidental e dedicou especial atenção ao capitalismo industrial e à burocracia estatal como resultantes de um processo de secularização, ou seja, passando de uma sociedade religiosa para uma sociedade impessoal controlada e com ações sociais cada vez mais racionalizadas.

Embora não seja considerado um marxista, Weber foi influenciado pelo pensamento de Marx, e ambos compartilharam um objeto de análise: o capitalismo ocidental. Além disso, ele foi profundamente influenciado pelo pensamento de Friedrich Nietzsche, filósofo alemão cuja característica de pensamento

Figura 1.5 Max Weber (1864-1920)

foi a crítica à razão ocidental (Quintaneiro; Barbosa; Oliveira, 1999).

Weber (1996) notou alguma relação entre o surgimento do capitalismo e a Reforma Religiosa. Para ele, desde quando Martinho Lutero desencadeou essa reforma e a quebra da hegemonia da Igreja Católica em determinar a verdade sobre a existência na sociedade europeia, o ocidente entrou em um processo de transformação que, séculos mais tarde, culminou numa sociedade extremamente racionalizada.

Ao processo de abandono da narrativa teológica sobre a ordem social – a sociedade é como é em função de planos divinos – e à adoção de uma forma de pensar baseada na razão – pela qual o homem domina o ambiente à sua volta e faz um cálculo meticuloso de suas ações para alcançar resultados planejados – Weber se refere como o processo de **secularização** ou de desencantamento do mundo.

Tomando para si a responsabilidade da consecução de seu futuro, o homem passou a adotar condutas de significados subjetivos ou simbólicos por parte de quem executa, orientando seu próprio comportamento. Assim, Weber (2010) chegou a uma concepção de **ação social**, definida como a vivência social caracterizada pela conduta humana orientada para atingir fins.

Ele buscou compreender como a racionalidade opera na ação humana quando se organiza em sociedade. Seu método analítico foi extrair a essência dos seus objetos de análise, uma essência tão pura que talvez você não a encontre de modo tão evidente no seu dia a dia, mas que, certamente, está lá regendo as leis da sociedade da qual você faz parte. Por isso, é comum que você encontre menções aos **tipos ideais** de Weber. O sociólogo chegou a quatro tipos ideais de ação social: (i) ação racional com relação a fins; (ii) ação racional em relação a valores; (iii) ação tradicional; e (iv) ação afetiva (Weber, 2002).

A **ação racional com relação a fins** ocorre quando, pela ação social, pretende-se alcançar um objetivo definido previamente. Para isso, são calculados os meios necessários para que se atinja o objetivo de forma ótima. Notemos que, numa ação dessa natureza, predomina a racionalidade instrumental: que sejam empregados os meios adequados para que se possam atingir fins predefinidos (Weber, 2010). Essa é uma forma de pensar presente na ciência, na economia e em todos os campos sociais em que não há espaço para a relativização de informações compiladas de forma objetiva. Uma ação será mais racional com relação a fins na medida em que não se deixa influenciar pelos afetos e costumes e se guia pelas consequências desejadas. A ação é boa quando atinge seus fins e ruim quando não consegue atingi-los. Desse modo, existe um **cálculo utilitário de consequências** da ação social.

Já a **ação racional em relação a valores** se baseia nas convicções próprias do sujeito que age e é orientada por valores e convicções (Weber, 2010). Para quem age dessa forma, mais importante que o resultado obtido é o modo como ele é conquistado. Se a forma pela qual a ação foi executada foi baseada em valores relevantes ao praticante, o resultado será considerado bom. Entretanto, se a conduta não foi boa – por exemplo, o sujeito age contra suas próprias convicções –, o resultado será avaliado como ruim. O sentido da ação está em como ela é executada.

O terceiro tipo puro de ação social é baseado na tradição (Weber, 2010), isto é, refere-se à prática de algumas ações de forma consciente, mas sem significância afetiva ou consequências relevantes. Entretanto, **a ação social baseada na tradição** não tem finalidade preconcebida, tampouco são feitos cálculos de seus meios para avaliar a efetividade de seus fins. Por exemplo, é comum, por tradição, que um grupo social, por força de costumes, seja torcedor de uma equipe ou entusiasta de uma modalidade esportiva. Ainda que nenhuma das pessoas que compõem esse grupo pratique esportes ou tenha quaisquer ligações efetivas com a modalidade em questão, elas optam, conscientemente, por se inserir naquela tradição e manter certos rituais sociais. Tais sujeitos podem, a qualquer momento e sem consequências, descontinuar essa ação, mas optam conscientemente por não o fazer.

O quarto tipo puro enunciado diz respeito a uma **ação motivada por emoções**. Quando isso ocorre, a ação deixa de ser racional, pois não há o cálculo prévio de suas consequências, tampouco o juízo dos meios empregados. Trata-se de ações impulsivas e imediatas, motivadas por sentimentos como desespero, raiva, entusiasmo, orgulho, admiração etc. Por isso, esse tipo de ação é considerado irracional.

É importante ressaltar que, além de teorizar sobre ações deliberadas – os quatro tipos puros recém-abordados –,

Weber (2010) buscou compreender a conduta irreflexiva, ou seja, uma ação reativa e não consciente. O autor identificou duas ações que não têm sentido coletivo durante sua execução, mas que paradoxalmente podem ocorrer de forma semelhante.

A primeira conduta reativa é a **ação homogênea**. Esta é executada por muitas pessoas de forma mais ou menos parecida, mas acontece de forma instintiva e não está submetida ao compartilhamento de significados. Ações homogêneas simplesmente acontecem por instinto: se há uma calamidade, as pessoas reagem de forma parecida – por exemplo, gritam, correm etc. Mas essa postura é instintiva e não tem intenção de influenciar o comportamento de outrem. Por essa razão, em geral, as pessoas parecem agir de forma muito parecida.

A segunda forma de ação reativa se refere a uma **imitação de hábitos** que ocorre por condicionamento. Ainda que a ação não tenha significado para o praticante, ele imita o comportamento dos outros com naturalidade e de forma irreflexiva. Isso pode ser observado quando conversamos com pessoas que não sabem explicar por que acreditam em algo ou quando elas fazem alguma coisa sem saber exatamente o porquê. Por exemplo: em algumas regiões do Brasil, ainda existem crendices populares que se mantêm de geração a geração, mas cuja causa da origem já se perdeu, como pessoas que não ingerem determinada bebida conjuntamente com certa fruta – elas acreditam que tal ação faz mal, mas não têm evidência disso.

> A teoria de Weber é ampla e oferece lentes analíticas para que possamos compreender as transformações da sociedade que culminou, em seu tempo, na formação do capitalismo industrial.

Na obra *A ética protestante e o espírito do capitalismo*, Weber (1996) oferece uma análise temporal do processo de secularização. Em sua análise, o autor faz relações com a admissibilidade de acumulação de riqueza no protestantismo – surgido após a Reforma Religiosa – sem que isso configurasse um pecado. Essa mudança na interpretação religiosa sobre a acumulação de riqueza contribuiu para a formação de uma sociedade acumuladora, bem como para que ocorresse a hegemonia do capitalismo, sistema econômico baseado na maximização do ganho e no acúmulo de capital.

Com o desencantamento do mundo, a humanidade progressivamente se tornou mais racionalizada pela técnica. O ordenamento burocrático do Estado moderno refletia uma sociedade altamente racionalizada (Quintaneiro; Barbosa; Oliveira, 1999). A burocratização da esfera social se revelou uma **dominação social** de ordem legítima, racional e legal. Tais relações estritamente suprimiram os afetos, as emoções e a tradição. Isso fez com que as organizações como o Estado aumentassem sua complexidade e o controle sobre seus processos. A burocracia se mostrou uma máquina engenhosa construída pela razão técnica. Perceba que toda a *máquina administrativa*, como costumamos chamar, é caracterizada por um funcionamento integrado que permite um controle racional sobre as atividades de uma organização social. Nesse sentido, não devemos confundir burocracia com as suas disfunções, ao contrário do que se percebe no senso comum. A burocracia é a materialização de um aparato técnico racional construído pela mente humana para organizar as relações sociais (Motta, 1994).

A prevalência da razão técnica e a supressão da subjetividade por meio da dominação burocrática nem sempre representaram um progresso no sentido humanista. Bauman (1998) lembra que o Estado nazista era uma organização extremamente racional, e a razão técnica construiu verdadeiras máquinas de matar sob argumentos técnicos. O próprio Weber (1996) demonstrava um sentimento de melancolia ao concluir que, com a racionalização das relações sociais, a sociedade moderna havia construído uma gaiola de ferro imaginária e nela se aprisionou.

Síntese

Neste capítulo, verificamos que a busca pela compreensão das leis que regem o funcionamento do universo foi uma preocupação permanente desde as sociedades mais antigas. Ao longo de dezenas de séculos, a explicação para tais leis passou das fases teológicas e mitológicas para metafísicas e filosóficas. Até que, no século XIX, Comte anunciou que o conhecimento positivo prevaleceria sobre os demais e estava prestes a se tornar uma doutrina filosófica para a produção da verdade, obtida pela unificação dos campos científicos por meio da sociologia.

Herdeiro da tradição positivista de Comte, no século XIX, Durkheim foi o precursor de um método de investigação dos fenômenos sociais. Esse sociólogo instituiu a Sociologia como uma disciplina acadêmica e defendeu que esse campo da ciência deveria se ocupar com os fatos sociais, ou seja, com os fenômenos objetivos da sociedade, pelos quais poderíamos compreender as leis que a regem. Sob essa ótica, Durkheim delineou uma sociologia funcionalista, ou seja, a compreensão da sociedade como um sistema composto por partes distintas que operam de forma integrada com tendência ao equilíbrio funcional.

No mesmo século, Marx fundou uma nova abordagem no campo sociológico. O filósofo alemão percebeu que a história da sociedade era explicada pela forma com que os homens produziam bens materiais para suprir suas necessidades. Na organização dessa produção, surgiram classes sociais com interesses antagônicos. Da luta de classes em defesa de seus respectivos interesses, um sistema econômico foi criado como consequência dos problemas do sistema econômico que o antecedeu. Marx chamou esse método analítico de *materialismo histórico dialético*, graças ao qual o autor estava convicto de que o capitalismo estava prestes a ruir em função do enriquecimento de uma pequena parcela da população, que detinha meios de produção e explorava aqueles que nada tinham a não ser a força de trabalho. Desse modo, o burguês estava acumulando capital através de uma parte não paga daquilo que o proletário produzia. Mas, de acordo com o filósofo, após o capitalismo colapsar, emergiria um sistema em que não mais haveria propriedade privada ou classes sociais economicamente distintas, consideradas por Marx a última etapa do desenvolvimento social.

Weber foi o terceiro autor clássico abordado neste capítulo. Ele viveu entre os séculos XIX e XX, e sua teoria social era baseada no argumento de que o mundo passou por um processo de secularização, isto é, o homem abandonou uma visão mística sobre a existência e adotou a razão e a técnica para assumir o controle da natureza e de seu futuro. Como consequência, o capitalismo se tornou hegemonia, surgiram os Estados burocráticos, e a racionalidade suprimiu os laços afetivos que outrora alicerçavam as sociedades tradicionais. A consequência disso foi o progresso da técnica e, consequentemente, da complexidade das organizações burocráticas, que se demonstraram efetivos mecanismos de controle e dominação da vida social.

Perguntas & respostas

Por que Durkheim é considerado o fundador do funcionalismo?

Émile Durkheim concebia a sociedade como um sistema que se mantinha em funcionamento devido a pessoas que exerciam funções distintas e complementares. Desse modo, sem juízo de valor entre funções de maior ou menor prestígio, todas tinham um papel na ordem social. Esse aspecto demarcou uma perspectiva funcionalista da sociologia e que mais tarde foi continuada por outros grandes sociólogos, como Talcot Parsons.

O que é o comunismo teorizado por Marx?

Karl Marx acreditava que cada sistema econômico ruía em função das próprias contradições internas. No capitalismo de seu tempo, a classe operária crescia e estava cada vez mais pobre. Desse modo, o autor previu que seria inevitável uma crise de poder de consumo, fazendo com que o sistema econômico colapsasse em função de uma contradição: a população estaria empobrecida a ponto de não poder pagar pelos produtos que produzia. Isso resultaria no rompimento do processo de acumulação de capital da classe burguesa, detentora dos meios de produção: capital, força de trabalho e terra.

Como resultado desse colapso, o capitalismo seria superado por uma sociedade sem classes, em que os meios de produção seriam de todos. Assim, todos teriam acesso ao que produziam e a propriedade privada seria inviabilizada. Esse seria o comunismo, o próximo e inevitável capítulo da história econômica marxista.

Weber inventou a burocracia?

Max Weber não inventou a burocracia, mas teorizou sobre a racionalização da sociedade que se manifestava pela técnica burocrática que estruturava o Estado. O sociólogo era até pessimista em relação a esse processo de racionalização, o que lhe conferiu uma identidade um tanto quanto melancólica em relação ao futuro. Para ele, o homem criou uma gaiola de ferro imaginária, na qual se aprisionou na modernidade e, consequentemente, restringiu o futuro da sociedade.

Para saber mais

WEBER, M. **A ética protestante e o espírito do capitalismo**. Tradução de M. Irene de Q. F. Szmrecsányi e Tamás J. M. K. Szmrecsányi. 10. ed. São Paulo: Pioneira, 1996.

MARX, K. **O capital**: crítica da economia política. Tradução de Rubens Enderle. 16. ed. Rio de Janeiro: Civilização Brasileira, 1998. v. 1.

A obra *A ética protestante e o espírito do capitalismo* é considerada um clássico de Max Weber. Por meio de uma narrativa acessível e eloquente, o autor argumenta que o espírito do capitalismo, ou seja, sua base moral e ética, é dissidente da ética protestante. Neste livro, você encontrará uma narrativa sobre o surgimento do capitalismo que difere daquela apresentada por Karl Marx na obra *O capital*. Vale a pena comparar essas duas versões do surgimento do capitalismo ocidental para que você possa melhor compreender a sociedade ocidental moderna.

Questões para revisão

1) Com que propósito Comte fundou o campo sociológico na ciência?
2) Quais são as diferenças entre a concepção de sociologia de Durkheim e de Marx quanto à finalidade da sociologia?
3) Marque a alternativa correta:
   a) A abordagem marxista propõe uma investigação neutra perante o fenômeno.
   b) O funcionalismo sociológico presume que a sociedade é um sistema de partes interagentes que tendem à estabilização funcional.
   c) Comte fundou a sociologia com o propósito de valorizar o saber da tradição da sociedade medieval.
   d) Weber prescreveu a burocracia estatal como forma de otimizar a ordem social.
4) Nas afirmações que seguem, marque V para verdadeiro e F para falso.
   ( ) *Secularização* é um termo weberiano para descrever o processo de abandono da visão mística e religiosa do mundo e a adoção da razão para a explicação da realidade.
   ( ) Podemos considerar que Comte, Durkheim e Marx foram pensadores positivistas.
   ( ) O positivismo sociológico se refere a uma abordagem que deposita esperança na promoção de mudanças sociais.

( ) O materialismo histórico dialético é um método analítico desenvolvido por Marx.

( ) Para Marx, a ordem social pode ser explicada pela forma com que a sociedade produz os bens materiais de que necessita para viver.

A seguir, indique a alternativa que apresenta a sequência correta:

a) V, F, F, V, V.
b) V, F, V, F, F.
c) F, V, F, V, F.
d) F, V, V, F, V.

5) Marque a alternativa correta:
   a) A racionalidade instrumental é caracterizada pelo emprego de meios adequados para a obtenção de fins predefinidos.
   b) A ação baseada em valores busca obter a melhor relação custo-benefício da interação social.
   c) Para Weber, a Reforma Religiosa criou um ambiente favorável para o surgimento do Estado moderno.
   d) Weber via na racionalização do mundo a possibilidade de se conquistar a emancipação.

2
A desigualdade social à luz dos clássicos

Conteúdos do capítulo:

- A desigualdade como um fato social à luz de Durkheim.
- A acentuação da desigualdade no capitalismo sob a perspectiva marxista.
- A desigualdade como estratificação social sob a perspectiva weberiana.

"A sociologia é uma forma de apropriação e constituição do mundo social gerada pela dissolução da comunidade, a emergência da sociedade burguesa, a dinâmica de uma sociedade fundada na desigualdade social, econômica, política e cultural" (Ianni, 1991, p. 19).

Neste capítulo, utilizaremos a lente da sociologia para compreender a crescente desigualdade econômica de nosso tempo.

A sociologia se constituiu como um campo da ciência por meio da intenção de se estudar fenômenos que não eram de alcance da biologia e tampouco da psicologia. O contexto em que ela emergiu se deu entre os conturbados séculos XVIII e XIX, marcados por profundas transformações na sociedade em função de revoluções sociais, tecnológicas e científicas. Atualmente, com a riqueza teórica desenvolvida desde sua fundação, a sociologia nos oferece distintas lentes analíticas que nos permitem compreender fenômenos sociais contemporâneos.

Entre os grandes debates acerca do que é fazer ciência social, destacam-se aqueles que buscam fornecer uma resposta sobre qual é o papel do analista social: Descrever a sociedade ou instrumentalizar mudanças? Não há uma resposta neutra para essa questão. As correntes críticas defendem que é preciso comunicar as contradições com vistas a promover transformações sociais sob uma lógica dialética. As correntes positivistas alinhadas à sociologia funcionalista de Durkheim argumentam que os fatos sociais devem ser apreciados de forma neutra. Por sua vez, Weber defendeu a necessidade de busca por imparcialidade ao se analisar um fenômeno social, reconhecendo que a complexidade de elementos materiais e simbólicos que fazem parte da ordem social torna o processo de análise social uma fonte inesgotável.

2.1 A desigualdade social na modernidade

A partir da segunda metade do século XX, o mundo observou a aceleração de um processo de industrialização e abertura de comércio entre os países. A consequência esperada era que os países mais pobres atingissem o grau de desenvolvimento dos Estados Unidos, maior potência econômica desde a Segunda Guerra Mundial. A definição do que era um país desenvolvido foi proferida no discurso de posse do Presidente Harry Truman, em 1949, ao se referir como *subdesenvolvidos* aos países com menor grau de industrialização em relação aos Estados Unidos – em geral, localizados no hemisfério sul (Sachs, 2000).

O aquecimento da economia pautado em premissas da ideologia liberal criou expectativas de que um mundo menos desigual estava sendo construído. O processo de globalização gerou expectativas de igualdade de oportunidades num mundo em que a historicidade das condições materiais de existências das classes seria subalterna às competências individuais. Desse modo, o sucesso ou o fracasso dependeria apenas do próprio sujeito, pois, ainda que partisse de condições materiais ou classes sociais distintas, a relação entre a competência individual e as necessidades do mercado seria equalizadora numa sociedade com notáveis desigualdades sociais.

Entretanto, Santos (2004) se refere a esse discurso como uma *fábula*, pois o projeto de economia globalizada não cumpriu com as expectativas sinalizadas: a desigualdade continuou a crescer. Em 2015, o Fórum de Davos, espaço em que os líderes das maiores potências econômicas debatem sobre o futuro, divulgou a informação de que mais de 50% da riqueza mundial estava concentrada nas mãos de 1% da população mundial (Elliott; Pilkington, 2015). Em 2017, a concentração de renda mundial bateu novo recorde, e um novo relatório informou que oito pessoas detêm a mesma riqueza que as 3,6 bilhões de pessoas mais pobres do planeta (Byanyima, 2017).

Os teóricos clássicos da sociologia nos oferecem um aparato analítico para uma possível análise sobre esse fenômeno. Nas seções que seguem, a desigualdade será abordada à luz de Durkheim, Marx e Weber. Alertamos que qualquer diálogo com os pensadores clássicos exige lembrar que eles estavam olhando uma sociedade de seus respectivos tempos: industrialização como um fenômeno recente, economia não globalizada e tecnologias menos avançadas.

Como você sabe, o mundo passou por profundas transformações durante o último século. Portanto, as análises que seguem têm o intuito de instigá-lo a exercitar essas lentes analíticas com o devido cuidado, para que um possível anacronismo não prejudique o brilho de cada abordagem. Esse esforço analítico não esgotará as possibilidades de articulação dos conceitos apresentados e tampouco têm a pretensão de fornecer interpretações definitivas. Tratam-se de argumentações sem outra intenção a não ser demonstrar potencialidades desses autores para a análise da desigualdade na sociedade contemporânea.

2.2
A desigualdade como fato social: um olhar à luz do funcionalismo sociológico de Émile Durkheim

Durkheim (1999) teve uma postura neutra perante os fatos sociais. O sociólogo era herdeiro do positivismo e observava tais fatos da mesma forma que um físico observa a ação da gravidade, ou seja, apreendendo como ela é e teorizando sobre como ela opera, sem juízo de valor ou idealizações de como ela deveria ser. Portanto, um olhar funcionalista sob a desigualdade exige um distanciamento do fenômeno para compreendê-lo. Desse modo, podemos descrever aspectos da sociedade como ela realmente funciona. Nas linhas que seguem, o tema da desigualdade será abordado como um fato social e analisado em sua funcionalidade sistêmica.

À luz de Durkheim (2010), é uma obviedade o fato de que as pessoas não são iguais por apresentarem habilidades e competências funcionais distintas. Aceitar isso é fundamental para compreender uma sociedade de pessoas com diferentes capacidades interagindo naturalmente sob relações desiguais (Reis, 2000). As diferenças ocorrem primariamente em função do grau de especialização de cada um, fazendo com que cada indivíduo tenha uma função distinta na sociedade. Trata-se, portanto, de algo natural em um sistema multifuncional, ordenado e equilibrado.

Nossa sociedade, ainda que estruturada com base em relações desiguais, consegue se manter em funcionamento e não se desintegra, mesmo nos momentos de crise e com indivíduos em funções distintas ou desiguais. As diferenças funcionais são úteis e necessárias para a manutenção do equilíbrio desse grande sistema. Você consegue imaginar uma sociedade em que todos tivessem a mesma função, o mesmo papel ou a mesma atribuição? Pois Durkheim passava ao largo de idealizar que a sociedade poderia ser de outra forma. Para esse sociólogo, as disfunções ou anomias do sistema social são corrigidas naturalmente pela interação social (Durkheim, 2000). Em outras palavras, toda perturbação ao equilíbrio do funcionamento do sistema social tende à autorregulação sob um processo progressivo.

Para demonstrar isso, Durkheim (2000) analisou uma série histórica de suicídios, constatando que normas ou regulações conflituosas no âmbito social resultavam em uma modalidade de suicídio que chamou de *suicídio anômico*. Mas estando o sistema social, ao seu ver, sob constante progresso, quaisquer perturbações à ordem tendem a ser resolvidas pela evolução do próprio sistema. Observe que uma anormalidade, sob esse ponto de vista, tem a funcionalidade de permitir o aperfeiçoamento do funcionamento da sociedade. Lembre-se de que o olhar de Durkheim é inspirado nas ciências naturais. Assim, ele entendia que a sociedade está num processo de constante evolução e adaptação, como os organismos vivos. Logo, em algum momento no futuro, a sociedade atingiria um estágio de funcionamento ideal.

Analisemos a desigualdade sob a ótica da sociologia funcionalista de Durkheim. Para compreender a desigualdade à luz desse autor, é importante entendê-la como um **fato social** (Reis, 2000). Conforme já exposto no capítulo anterior, um *fato social* é tudo aquilo que condiciona o comportamento do indivíduo à ordem social, tradição ou maneira de pensar vigentes em uma época (Durkheim, 1999). Todo comportamento transgressor em relação às normas vigentes tende a sofrer punições previstas no acordo de convivência instituído pela tradição ou regulação jurídica. É por isso que a desigualdade parece não ter sido solucionada por atos individuais, revoluções ou desobediência civil. Além disso, uma nova perturbação da ordem social tende a ser eliminada por meio de novas regulações e acordos de convivência, evitando uma recorrência que comprometa o equilíbrio funcional da sociedade.

Sob esse ponto de vista, nesse ordenamento social, tanto é necessário haver um sujeito detentor de riquezas cumprindo um papel de fomentador da estrutura produtiva quanto um sujeito que, mesmo sem posses, terá uma função de execução de alguma tarefa. Sendo a desigualdade um fato social, se por meio dela houver perturbação da ordem, a sociedade tenderá a progredir, de forma sistêmica e evolutiva, até seu funcionamento ideal, eliminando o efeito colateral indesejado. Isso não significa a eliminação da desigualdade, mas sim uma ordem social que não é perturbada pelas relações desiguais existentes.

Você já deve ter tido a experiência de estar em um ambiente em que muitas coisas acontecem simultaneamente. É assim, por exemplo, que ocorre a interação entre as pessoas nas feiras, nos bairros espalhados por cidades, Estados e países. A Figura 2.1, a seguir, representa uma dinâmica social em que pessoas de diferentes estratos da sociedade, com diferentes funções e exercendo tarefas distintas, acabam formando um sistema equilibrado de relações de interdependência. A metáfora dessa imagem remete à sociedade como um todo, em que dinâmicas de interações criam, revogam e adaptam regras de convivência e relações socioeconômicas. Com o passar do tempo, esses sistemas sociais parecem evoluir e se tornar cada vez mais complexos e regrados, evitando, assim, que a sociedade entre em colapso funcional.

Figura 2.1 Representação de um sistema social

hecke61/Shutterstock

Vamos problematizar com a seguinte situação: alguém que se sente injustiçado resolve promover a igualdade com as próprias mãos. O sujeito decide quebrar acordos de convivência e comete um furto, na tentativa de reduzir a diferença patrimonial entre ele e aquele que foi objeto de sua ação. Ora, também é um fato social em nosso país que a propriedade privada é um direito garantido pela Constituição Federal. Desse modo, o sujeito transgressor será punido conforme prevê a regulação jurídica. Supondo que essa transgressão comportamental se tratasse de uma ação não tipificada, não prevista e não legislada: automaticamente, seriam estabelecidas regulações para evitar situações semelhantes no futuro. Note que, independentemente do senso de justiça individual do sujeito que cometeu uma ação perturbadora à ordem, ele será punido conforme leis ou tradições que lhe antecedem, e, no caso de ser uma ação ainda não analisada, a ordem será estabelecida no curso do desenvolvimento social.

Portanto, sob a inspiração do funcionalismo da sociologia de Durkheim (1999), a desigualdade é um fenômeno que tende a ser progressivamente resolvido à medida que ocorrem ações que perturbam o equilíbrio de convivência entre os indivíduos de uma sociedade.

2.2.1
Crítica à abordagem durkheimiana

As correntes críticas da sociologia empreenderam severas argumentações à pretensão de neutralidade de Durkheim ao descrever um fenômeno social. Para essas correntes, não se pode comparar a natureza dos fenômenos sociais àqueles dos quais se ocupam as ciências naturais.

Os fenômenos sociais são uma construção humana, enquanto os naturais, como a ação da gravidade, as reações químicas ou a evolução biológica das espécies, não possuem elementos simbólicos criados pela mente humana como artefatos que participam da ordem social.

Enquanto um físico tem condições de teorizar sobre a ação da gravidade sob um corpo em experimento de forma neutra, sem interferir no fenômeno, o analista social faz parte do fenômeno, e sua leitura sobre a sociedade está sempre condicionada ao posto que nela ocupa – capitais econômico e simbólico. O olhar do sujeito para o mundo não consegue ser neutro, uma vez que a socialização que o condiciona se faz com base em uma posição social, numa trajetória de vida única, com valores sedimentados em torno de uma relação singular com o mundo.

Na busca de afirmar neutralidade, essa perspectiva se demonstra parcial em defesa do *status quo*, ou seja, da manutenção dos interesses dominantes. Parte-se do princípio da funcionalidade das relações desiguais ou da impossibilidade de igualdade plena. No entanto, desse modo o funcionalismo sociológico se porta de forma negligente ante as injustiças sociais – nesse caso, a crescente desigualdade econômica.

2.3 A desigualdade como produto do sistema econômico: uma análise à luz do materialismo histórico dialético de Karl Marx

A desigualdade não é fundada no capitalismo, mas é nele que ela se acentua de forma exponencial. Para compreender a desigualdade, é necessário entender a historicidade que a constrói. Nesse sentido, a abordagem do materialismo histórico dialético nos permite compreender a desigualdade não como uma condição estática da sociedade, mas pelo movimento da história que, sob modos de produção, cria sujeitos e classes sociais (Euzébios Filho; Guzzo, 2009).

As relações desiguais se faziam presentes nas economias escravistas, no feudalismo. Mas foi no capitalismo que esse processo de acumulação desproporcional de riqueza se acentuou (Bottomore, 2001). O capitalismo herdou a mão de obra disponível tanto dos campesinos, que perderam suas terras e migraram para as cidades, quanto dos artesãos e membros de corporações de ofício, que não tiveram condições de concorrer com a produção massificada da indústria (Rezende Filho, 1997).

O capitalista burguês do século XIX descendia de comerciantes e mercantilistas que se formaram no contexto do colapso do feudalismo europeu no século anterior. A burguesia teve condições de acumular riqueza, de comprar os meios de produção e a força de trabalho daqueles que nada mais possuíam (Rezende Filho, 1997). Logo, não só o capitalismo foi fundado na desigualdade, como também a acentuou, devido à sua infraestrutura viciosa. Portanto, o efeito colateral da acumulação de capital burguesa é, segundo a leitura marxista, a acentuação da miséria.

A base da pirâmide social formada pela classe operária estava cada vez mais inflada e crescente, ao passo que o seu topo se tornava cada vez mais restrito e rico (Marx, 1998). Assim, seria inevitável que o sistema gerasse uma massa de miseráveis e uma minoria rica. Por esse motivo, Marx estava convencido de que o proletariado se rebelaria contra essa situação e promoveria uma revolução social, ou seja, uma mudança radical na ordem social, exigindo que os meios de produção fossem coletivos. Esta seria a última fase da história, em que não existiria concentração de capital por não haver exploração da força de trabalho alheia.

O aquecimento econômico promovido pela Revolução Industrial foi notório, pois a utilização das máquinas em detrimento de trabalhos manuais barateou os custos de produção e permitiu que pessoas com menores habilidades do que um artesão profissional tivessem condições de exercer uma função dentro da lógica produtiva capitalista (Rezende Filho, 1997). Entretanto, notamos, também, que a distribuição de renda não seguiu tendências de equalização entre as classes sociais (Bottomore, 1976). Pelo contrário, em mais de um século de capitalismo industrial, a ascensão social continuou sendo um gargalo.

Vale lembrar que, para Marx (1998), as populações periféricas dos centros industriais foram formadas por sujeitos que pouco tinham além da força de trabalho. Para sobreviver, eles precisavam vendê-la àqueles que detinham meios de produção (máquinas e capital para comprar mão de obra). Ao longo do tempo, as classes se sedimentaram em função da riqueza que se perpetuou por vias hereditárias, seja pela abundância, no caso das classes dominantes, seja por carência, nas classes pobres e miseráveis (Bottomore, 1976).

Os alertas sobre a concentração de renda no mundo nos permitem refletir sobre as consequências de um modelo de organização social que não propiciou aquilo que se esperava em termos de promoção de oportunidades e redução da desigualdade. Assim, o fluxo de acumulação de capital no sistema capitalista parece ser unilateral. Enquanto Durkheim diria, provavelmente, que tais consequências indesejadas são apenas parte de um processo natural de progresso que ocorre naturalmente, Marx estava convicto de que o motor da história deveria ser acelerado pela tomada de consciência sobre essas disfunções. Desse modo, as contradições do capitalismo seriam superadas com maior brevidade.

Perceba que não se trata de uma ação individual ou de empoderar alguns representantes da classe operária para que exercessem o papel de governantes e resolvessem burocraticamente os fluxos viciosos de acumulação de riqueza e exploração das camadas mais pobres. A superação se daria por meio da tomada de consciência de forma coletiva, ou seja, a superação do capitalismo em nível global não dependeria apenas de representantes políticos, uma vez que a própria estrutura do Estado se tornou tutora dos interesses do capitalismo (Habermas, 1984).

Nesse sentido, a abordagem marxista preconiza que se faz necessário comunicar àqueles que se encontram em situação de miséria que eles não são individualmente culpados por essa condição, pois existem elementos da infraestrutura social que sustenta o modo de produção capitalista que tanto dificultam a ascensão desses sujeitos quanto facilitam a acumulação de capital para aqueles que já o detêm (Euzébios Filho; Guzzo, 2009).

2.3.1
Crítica à abordagem marxista

As narrativas sobre os projetos de economias comunistas do século XX relatam consequências que passam ao largo do propósito transformador de Karl Marx. O maior projeto político-econômico já visto – a extinta União Soviética – apresentou contradições internas criticadas até mesmo por teóricos marxistas da época (Bottomore, 2001).

Para os teóricos marxistas ortodoxos, o capitalismo estava prestes a ruir, e uma revolução proletária era iminente no século XX. Entretanto, quando na Revolução Russa ocorreu a execução de um projeto político-econômico inspirado no marxismo ortodoxo, o produto foi um Estado totalitário agindo em nome da classe trabalhadora, que continuou tendo sua força de trabalho explorada pelo Estado.

Mesmo considerando que o marxismo anunciou um projeto emancipatório à classe operária explorada, e ainda que essa classe tenha tomado consciência da condição injusta acentuada pelo *modus operandi* do sistema de produção capitalista, a Revolução Proletária simplesmente não aconteceu como um movimento coletivo. E na Revolução Russa, ela foi operacionalizada como um projeto de política representativa do partido Bolchevique, sob a liderança de Vladimir Lenin. Os ideais de igualdade, liberdade e justiça não caminharam juntos, pois, para atingir algum nível de igualdade econômica, houve uma substancial perda da liberdade; consequentemente, o governo soviético seguiu um caminho oposto à emancipação: não houve liberdade para o proletariado pensar criticamente, tendo em vista a eliminação das contradições sociais que o assolavam (Melo, 2013).

Nesse sentido, na década de 1920, teóricos sociais alemães se perguntavam: Por que a Revolução Proletária não aconteceu? Por que o projeto soviético se tornou tão totalitário quanto outros países de regime capitalista, como Itália e Alemanha? Isso não significa dizer que o marxismo perdeu seu potencial na sociologia. Pelo contrário, por meio das experiências práticas de estados comunistas, foi possível perceber contradições, e a postura emancipatória de Marx era frutífera inclusive para a análise dos problemas sociais que surgiram na União Soviética em decorrência do regime totalitário que lá havia se instaurado.

Por meio de uma revisão e de novas interpretações da obra de Marx, surgiram correntes nominadas *neomarxistas*.

A característica dessas correntes de pensamento foi buscar identificar elementos da teoria marxista que ainda se sustentavam perante as novas configurações do capitalismo. Além disso, muitas dessas correntes, como a Escola de Frankfurt, buscaram dialogar com outros campos do saber, como a psicanálise e a filosofia, na busca de vias para a emancipação não obtidas pelas correntes marxistas ortodoxas (Lara; Vizeu, 2019).

2.4 A estratificação social: uma reflexão sobre a desigualdade na perspectiva de Max Weber

Por que as sociedades apresentam segmentos sociais? Esse grupos distintivos dentro de uma mesma sociedade são definidos como *estamentos*, *castas* ou *classes*. Ao longo da história da humanidade, tais segmentações sempre se fizeram presentes. Se para Marx isso poderia ser explicado como sendo um produto do embate entre detentores e não detentores de meios de produção, Max Weber acreditava que havia uma pluralidade de causas que resultavam na estratificação social. Vamos analisar o pensamento weberiano para que, à luz dos seus paradigmas teóricos, possamos compreender como e por que a sociedade moderna apresenta uma crescente desigualdade.

Weber teve especial interesse em compreender a origem do capitalismo. O autor percebeu que os homens de negócios e os profissionais de mais elevadas qualificações técnicas e comerciais eram, em geral, protestantes. Não obstante, alguns dos primeiros centros embrionários do capitalismo estavam localizados em regiões de predomínio da religião protestante ainda no século XVI (Giddens, 1971).

Em geral, a tradição religiosa antes da Reforma Protestante exigia de seus fiéis um total desapego do mundo cotidiano, além da dedicação em função das coisas imateriais. Com a reforma protagonizada pelos protestantes, a vida terrena esteve intimamente ligada à vida após a morte, no sentido de que um sinal para a salvação, perceptível em vida, seria a prosperidade econômica por meio do trabalho (Weber, 1996). De doutrina mais rígida que o catolicismo, por exemplo, o protestantismo promovia um comportamento extremamente regrado, em que as riquezas acumuladas eram reinvestidas no próprio trabalho e jamais subsidiavam prazeres pessoais – em outras palavras, a acumulação de dinheiro estava associada a uma severa privação de prazer espontâneo (Giddens, 1971). O espírito do capitalismo se caracteriza pela dedicação ao trabalho com vistas à acumulação e ao reinvestimento dos ganhos na própria atividade, formando um ciclo virtuoso do ponto de vista econômico.

A dedicação integral de um protestante puritano ao trabalho provinha da crença de que a acumulação patrimonial era um indício de que ele seria um escolhido ou predestinado à salvação. Não havia sacramento, indulgência ou quaisquer outras ações que revertessem a predestinação de salvação e, como consequência, a única via de apreender algum indício de sua própria salvação era contemplar o progresso por meio do trabalho. Já o trabalhador do capitalismo moderno tem a acumulação e o reinvestimento como exigências do sistema econômico. Isso o leva a ter uma vida em função do trabalho tanto quanto o puritano, porém, sem quaisquer relações com aspectos religiosos. Trata-se de um comportamento mecânico cuja acumulação resulta do uso da razão no processo de acumulação patrimonial por meio do trabalho. Como patrimônio econômico e poder sempre caminharam juntos na história, o resultado da acumulação econômica é, no capitalismo, também acumulação de poder (Giddens, 1971).

É importante ressaltar que Weber discordou dos fundamentos do materialismo histórico dialético sem necessariamente propor uma teoria que substituísse a relação causal entre modos de produção e ordenamento social. Para o autor, seria impossível reduzir a explicação da ordem social a uma teoria que não considerasse a multiplicidade de fatores sociais e históricos que resultaram na sociedade moderna (Giddens, 1971). De acordo com o sociólogo, a experiência histórica humana é múltipla e pode produzir análises com um conjunto de lógicas inesgotáveis (Quintaneiro; Barbosa; Oliveira, 1999).

Enquanto Marx sugeriu que as classes sociais eram explicadas pela detenção ou não de meios de produção – ou seja, uma estratificação social entre aqueles que têm poder econômico e aqueles que não o têm –, Weber abordou dimensões de poder que transcendem a questão de posses. Para Weber (2010), o processo de estratificação não se resume a classes, isto é, não está circunscrito a questões econômicas.

Weber compreendeu as classes sociais como divisões sociais que ocorrem em função da posse de bens e oportunidades de renda, ou seja, da acumulação patrimonial material. Entretanto, o autor sugere que o *status* é uma outra modalidade de poder que expressa um poder imaterial, simbólico (Weber, 2010), o qual pode ser compreendido como prestígios e honrarias distribuídas entre uma comunidade. Desse modo, uma ordem social é estabelecida entre os membros de grupos que participam dessa hierarquização simbólica (Weber, 2010). Portanto, a estratificação é tanto um produto da formação de classes (poder econômico) quanto do *status* (poder simbólico).

Isso significa que as camadas sociais, ou seja, os estratos da sociedade não se formam somente em função da detenção de patrimônio, tampouco de *status*, mas sim sob uma relação híbrida que pode variar em cada contexto. As honrarias e o prestígio social nem sempre estão associados a posses. Pode ocorrer, por exemplo, que uma pessoa tenha prestígio em sua comunidade e, portanto, detenha um poder simbólico.

> Imagine que dois jovens estão buscando emprego. Ambos acabaram de finalizar o ensino médio. Entretanto, um deles goza de prestígio social e educacional, pois sua família, influente na sua cidade, conseguiu pagar o colégio mais conceituado da região. O outro mora na periferia e sua família não possui prestígio social e riquezas, tampouco teve condições de pagar um colégio particular. Sob a perspectiva do discurso funcionalista do liberalismo, ambos têm à sua disposição as mesmas oportunidades de acumulação de capital e devem fazê-lo conforme suas competências individuais. Por sua vez, o discurso crítico marxista levaria a entender que o sucesso de cada um dependerá do quanto eles já possuem de capital. Mas, sob uma perspectiva weberiana, a análise é mais complexa que as duas hipóteses anteriores: as oportunidades que cada um terá dependerão tanto da classe que ocupam quanto do *status* ou prestígio de que desfrutam na sociedade.

2.4.1
Crítica à abordagem weberiana

O prognóstico pessimista de Weber para a modernidade foi problematizado por Habermas (2012). Weber apontou a racionalização como um processo unidimensional e irreversível, o qual aprisionou a sociedade ocidental em uma gaiola de ferro imaginária por meio da racionalização de todas as esferas da vida (Weber, 1996). Como consequência, poderíamos considerar que a ação racional instrumental teria levado a sociedade à irreversível desigualdade em função da lógica de divisão racional do trabalho e acumulação capitalista.

Entretanto, segundo Habermas (2012), é necessário discernir a racionalidade instrumental dos sistemas administrativo e econômico de uma esfera social – entendida pelo autor como o *mundo da vida*. Com essa diferenciação, ele argumenta ser possível que a sociedade reverta o quadro de dominação social por meio da ação comunicativa, a qual é inerente a esse mundo da vida (para mais informações, consulte o Capítulo 5). Habermas se apropriou dos conceitos weberianos e os expandiu em busca de vias para a emancipação da sociedade, ou seja, um esforço teórico para gerar mudança social e reversão do quadro de dominação e desigualdade social contemporânea (Reese-Schäfer, 2009).

Síntese

Neste capítulo, abordamos que a desigualdade social é um fenômeno que vem se acentuando nos últimos séculos. A sociologia clássica nos oferece pelo menos três lentes analíticas para compreendê-la. Foram apresentadas três análises inspiradas nas abordagens de três autores clássicos: Durkheim, Marx e Weber.

À luz de Durkheim, a desigualdade pode ser considerada uma anomia, ou seja, uma situação anômala que tende a ser superada pelo desenvolvimento social, que é progressivo, linear e constante. Ao compreendermos a desigualdade como um fato social, isto é, como algo objetivo, notamos que a sociedade é estruturada por meio de relações desiguais, bem como que a interdependência entre indivíduos desiguais com diferentes funções mantém o equilíbrio societal. As perturbações sistêmicas decorrentes de situações não previstas e de consequências perturbadoras à ordem social tendem a ser resolvidas coletivamente, com base nos acordos de convivência vigentes. Portanto, para a sociologia de herança positivista de Durkheim, cabe ao sociólogo analisar o fenômeno sem quaisquer juízos de valor, de forma neutra, numa postura inspirada pelos cientistas das ciências naturais.

Por outro lado, a acentuação da desigualdade social sob uma perspectiva marxista ortodoxa pode ser compreendida como uma consequência do sistema de produção capitalista. Sob esse ponto de vista, o lucro acumulado é o trabalho não pago ao trabalhador. Assim, quanto mais o capitalista acumula, menos o trabalhador possui. Para Marx, a história mostra que as sociedades se organizam em função da produção de bens materiais. Por isso, uma solução para a desigualdade só seria possível com a superação do modo capitalista de produção.

Por fim, de acordo com a abordagem weberiana, a desigualdade social não pode ser explicada apenas pela posse de bens materiais. Weber nos oferece o elemento simbólico do *status*, que, tanto quanto as riquezas materiais, oferece condições diferenciadas ao sujeito detentor de prestígio social, educacional etc. Assim, para o sociólogo, o capital não se resume a dinheiro, mas sim a posicionamento social, um elemento simbólico imaterial que pode resultar em condições desiguais de geração de oportunidades de acumulação.

Todas essas abordagens apresentam potenciais e limitações. Tratam-se de pontos de partidas de teorias sociais que se desenvolveram a partir do século XIX. Por isso mesmo, precisamos tomar cuidado para não cometer anacronismos, ou seja, utilizar de forma ortodoxa as lentes analíticas dos clássicos para explicar fenômenos cujas causas escapam ao tempo em que tais teorias foram elaboradas. Como sabemos, o século XX foi de profundas transformações que, com efeito, geraram uma reconfiguração do sistema econômico vigente, além de causarem mudanças na economia política mundial e duas guerras mundiais – portanto, o mundo já não é mais o que era à época em que surgiram as abordagens aqui apresentadas. Por isso, é preciso atualizar o diagnóstico e diferenciá-lo do tempo em que as teorias clássicas foram escritas. Ressaltamos, por fim, que as análises expostas neste capítulo têm caráter ensaístico-pedagógico, sem a pretensão de serem definitivas.

Estudo de caso

A concentração da riqueza no mundo

Citando dados do relatório da ComissãoEconômica para a América Latina e o Caribe (Cepal), a Organização das Nações Unidasno Brasil (ONUBR, 2017) declara:

> Entre 22 países desenvolvidos e emergentes analisados, o Brasil lidera a concentração de riqueza nas mãos do 1% mais rico da população, [...]. No Brasil, o 1% mais rico fica com 27% da renda nacional.

Como podemos notar pelo exposto na declaração anterior, a concentração de renda **é um problema de escala global**. Ano após ano, a base da pirâmide social se torna maior e seu topo tem cada vez menos ocupantes. Conforme as informações da ONUBR (2017), a situação brasileira no ano de 2017 foi preocupante, pois o país liderou um *ranking* que situou 22 países considerando a concentração de 27% da renda nacional nas mãos de 1% da população.

Se entendermos a sociedade como um sistema equilibrado, sob uma abordagem inspirada no pensamento durkheimiano, seremos conduzidos ao entendimento de que essa desigualdade é parte integrante do sistema social, e na medida em que isso se tornar um fato ameaçador para seu funcionamento, de forma natural, esse sistema corrigirá tal disfunção, pois sempre tende a atingir o equilíbrio funcional.

Sob uma perspectiva mais crítica, inspirada no marxismo, é possível entender que as disfunções e os desequilíbrios sociais não tendem a se resolver naturalmente, pois é justamente o embate entre interesses de classes sociais que move a história da sociedade. Nesse sentido, a reversão do quadro de desigualdade social precisa ser resolvida pela ação dos sujeitos – particularmente, da massa empobrecida – no processo de acumulação de capital por aqueles que detêm os meios de produção.

De forma complementar, a abordagem weberiana nos permite compreender que a desigualdade não decorre simplesmente da detenção dos meios de produção, mas também de elementos simbólicos, como o prestígio social, que permite acesso a determinadas oportunidades de forma mais facilitada do que para a maior parte da parcela da população cada vez mais empobrecida não só no Brasil, mas em todo o mundo.

Perguntas & respostas

O que são capitais simbólicos?

Capital simbólico é uma construção linguística que denota algo que possui um valor na interação social. O dinheiro, embora tenha a materialidade da cédula ou da moeda, simboliza algo a mais: o poder de adquirir alguma coisa com base na crença de que o papel oferecido possui valor de equivalência. Além do capital financeiro, existem outros tipos de capitais que formam um sistema de equivalência, barganha e negociação nas interações sociais. O prestígio social, por exemplo, é um capital simbólico, uma vez que pode gerar algum tipo de barganha e poder nas relações sociais.

A desigualdade social é um problema surgido no capitalismo?

Não. A desigualdade social, em algum grau, tem estado presente nos sistemas econômicos de todas as civilizações que nos antecederam. Entretanto, o capitalismo está levando a uma aceleração do processo de concentração de riquezas para uma minoria da população mundial. O grande desafio é equalizar essa distribuição de riquezas de forma que a grande massa da população não empobreça a ponto de não poder consumir, o que significaria o colapso do sistema. Aliás, você pode notar que sempre que há queda no consumo, isso representa crise econômica. Por isso, o crescente índice de concentração de riqueza e o sistemático empobrecimento da população em nível global representam um risco para a economia capitalista.

Qual é a diferença entre as abordagens de Durkheim e Marx na compreensão da desigualdade social?

Sob o funcionalismo sociológico de Durkheim, a sociedade segue um fluxo natural de desenvolvimento. Por tender ao equilíbrio, o próprio curso evolutivo dará conta de resolver esses problemas, caso ameacem a ordem social. Mas essa evolução é natural e segue os parâmetros da tradição da sociedade. Já sob a perspectiva marxista, a solução deve ser uma ação propositiva no mundo. A história se move pelo embate de classes que buscam interesses distintos. Desse modo, somente pela mobilização da camada mais pobre seria possível alcançar mudanças estruturais que permitiriam o fim da desigualdade.

Para saber mais

NORUEGA e Congo no Brasil. Direção: Camila Muguraza e Jhady Arana. Brasil, 2013. 20 min. Documentário.

Assista ao documentário *Noruega e Congo no Brasil*, dirigido e produzido por Camila Muguraza e Jhady Arana. O curta apresenta a história e as perspectivas de dois jovens em Brasília. Um deles é bem-sucedido e o outro se encontra em situação de vulnerabilidade, mas sonha em obter resultados por meio de seus esforços. O filme apresenta elementos de classe e de *status* que podem ser identificados como influenciadores do futuro de cada um dos rapazes.

Questões para revisão

1) Por que a desigualdade pode ser um fato social à luz da sociologia de Durkheim?

2) De acordo com a perspectiva weberiana, quais são os aspectos simbólicos que afetam a desigualdade social?

3) Sobre as lentes analíticas dos clássicos, marque a alternativa correta:
   a) Sob a lente do materialismo histórico dialético, a desigualdade social deve ser explicada pela relação entre detentores dos meios de produção e capitalistas.
   b) À luz de Durkheim, a desigualdade será naturalmente superada no processo de evolução da sociedade.
   c) Sob a perspectiva weberiana, a desigualdade pode ser mais bem compreendida ao se desconsiderar os aspectos simbólicos, ou seja, as dimensões não apreensíveis objetivamente pela ciência.
   d) Conforme Marx, a desigualdade social deve ser combatida por meio do conhecimento positivo.

4) Acerca da concentração de riquezas, indique a seguir a alternativa **incorreta**:
   a) A desigualdade é um problema social que não surgiu com o capitalismo.
   b) No capitalismo, a concentração de renda se tornou acentuada.
   c) Há tendência de reversão do quadro de desigualdade social por meio da globalização.
   d) No Brasil e no mundo, uma parcela inferior a 10% da população possui mais riqueza do que as 50% mais pobres.

5) Considerando a possibilidade de se compreender a desigualdade social à luz dos clássicos da sociologia, marque a alternativa correta:
   a) Em Weber, a desigualdade social é consequência da Reforma Religiosa.
   b) Marx aponta que os sistemas econômicos hegemônicos anteriores ao capitalismo também apresentavam luta de classes.
   c) A desigualdade social é algo desejado pelo funcionalismo sociológico, uma vez que suas consequências são positivas para a ordem social.
   d) Comte buscou elaborar uma teria social voltada para pôr fim à desigualdade e à luta de classes.

3

O pensamento sociológico brasileiro

Conteúdos do capítulo:

- As fases do pensamento sociológico no Brasil.
- Nomes importantes da sociologia brasileira.
- Temas recorrentes em cada momento histórico das ciências sociais.
- O atual campo sociológico brasileiro.

Neste capítulo, apresentaremos o contexto sócio-histórico da sociologia no Brasil, o surgimento desse campo e os temas recorrentes em cada geração de intelectuais.

No Brasil, a sociologia positivista foi recebida com entusiasmo, apesar de que a imaturidade do campo científico nacional, no final do século XIX, revela que a tradição do pensamento conservador se utilizou do rótulo de *ciência* para justificar as relações de dominação relacionadas à raça desde o Brasil colonial. Ao longo das gerações dos pensadores sociais, entretanto, esse campo amadureceu. Em meados da década de 1940, a sociologia brasileira demonstrou senso crítico para a produção de um saber próprio, vinculado ao contexto latino americano. Assim, a partir daquela geração, o campo sociológico brasileiro consolidou a autonomia para lidar com os desafios de nosso contexto sócio-histórico. Atualmente, a área se debruça sob os problemas advindos da globalização e seus efeitos colaterais em nossa sociedade.

A proposta deste capítulo não é oferecer uma discussão exaustiva ou uma lista completa dos nomes da sociologia brasileira, tampouco afirmar uma interpretação definitiva sobre as abordagens aqui apresentadas. O principal objetivo é proporcionar um passeio livre na história, para levar você a conhecer personagens de nosso campo sociológico e, por meio de suas trajetórias, formular uma interpretação possível sobre o percurso do pensamento social no Brasil, evidenciando tensões entre tradição e busca por mudanças.

3.1
Da Colônia à República: uma breve história da sociologia no Brasil

O saber racional no Brasil Colônia, que compreendeu o período entre os séculos XVI e XIX, era monopolizado pelo clero. Isso se devia ao importante papel que esse grupo tinha no processo de aculturação dos nativos, na educação moral e na propagação da fé religiosa no território recém-conquistado, bem simbolizado na representação lusitana da primeira missa no Brasil (Figura 3.1), em que portugueses e nativos estão pacificamente dispostos ao redor do altar. Como consequência, por meio da capilaridade da atuação das ordens religiosas, a Igreja teve importante influência na construção

Figura 3.1 Primeira missa no Brasil

Fonte: Meirelles, Victor. A primeira missa no Brasil. 1860. Óleo sobre tela: color.; 268 × 356 cm. Museu Nacional de Belas Artes, Rio de Janeiro, Brasil.

do sistema intelectual brasileiro, pautado em uma visão de mundo conservadora (Schwarcz, 2001; Fernandes, 1980).

No período colonial, a sociedade brasileira se organizava sob o princípio de estratificação étnica: populações indígenas e africanas eram escravizadas pelo senhorio, cujo saber racional de referência derivava da natureza e da organização da vida religiosa. Segundo Fernandes (1980), a íntima relação entre a camada senhorial e o clero contribuiu para que, durante séculos, a ordem social brasileira fosse pautada no conservadorismo religioso. Além disso, instâncias superiores da Igreja eram solidárias aos empreendimentos colonizadores do Reino de Portugal. Assim, o saber racional fomentado pela religião estava centrado em resolver os conflitos axiológicos e morais do senhorio escravista, resultantes das incompatibilidades entre a escravidão e o cristianismo (Fernandes, 1980).

Esse saber racional ganhou um caráter criativo (pré-científico) após a transferência da família real para o Brasil, que imigrou em função da iminência da tomada de Portugal por tropas napoleônicas em 1808 (Theodoro, 2008). Desse modo, o Brasil deixou de ser um empreendimento do Império e passou a ser estruturado como a própria sede imperial. Isso exigiu investimentos para a geração de infraestrutura material e intelectual para suportar o governo imperial em solo brasileiro (Schwarcz, 2001).

Entre as consequências da transferência da corte, ocorreram a expansão econômica e o crescimento demográfico, principalmente devido à necessidade de se aprimorar o exercício das tarefas administrativas para suportar as demandas do Império sediado em território brasileiro. Nesse período, foram criadas as primeiras escolas de ensino superior. O objetivo era preparar uma elite capaz de exercer funções públicas, políticas e administrativas. Mas cabe lembrar que essa elite intelectual que se formava em núcleos urbanos era composta por descendentes do senhorio escravocrata e, portanto, representava a extensão de seus interesses enquanto assessores para a solução dos problemas práticos da administração imperial (Fernandes, 1980; Schwarcz, 2001).

A ideia de uma ciência que estudaria os fenômenos sociais chegou no Brasil quase simultaneamente à sua criação na sociedade europeia, logo após os escritos de Comte ganharem notoriedade por lá. Mas a articulação imatura do pensamento sociológico brasileiro culminou em algumas confusões teóricas: de início, a elite intelectual buscou fazer conexões entre direito e sociedade. Mas essas investidas eram muito mais uma tentativa de geração de um conhecimento justificador do contexto sócio-histórico, ou seja, em favor da manutenção das relações de poder vigentes (Fernandes, 1980). O evolucionismo social que aqui vingou não foi mera imitação europeia, mas uma combinação de fatores que culminou na adoção do cientificismo como justificativa de um passado escravista que ainda não havia sido superado (Candido, 2006).

Nesse contexto, as faculdades de Direito se tornaram os grandes núcleos de formação intelectual no Brasil – os bacharéis gozavam de grande prestígio e oportunidades na esfera pública (Borges, 2006; Schwarcz, 2001). Foi nas faculdades de Direito que a Sociologia foi introduzida no Brasil como disciplina do ensino superior, o que resultou na formação de pensadores sociais cuja formação predominante era o Direito (Liedke Filho, 2005).

Liedke Filho (2005) sugere a compreensão do pensamento sociológico brasileiro em dois períodos: (i) herança histórico-cultural; e (ii) sociologia contemporânea. O primeiro foi caracterizado por pensadores sociais centrados em questões de identidade nacional e raça. Desde o final do século XIX, os intelectuais brasileiros buscaram justificar uma tradição que supunha a superioridade branca sobre as raças indígenas e negra.

No primeiro período, raça e cultura eram confundidas, e a miscigenação entre caucasianos, negros e índios era vista como uma justificativa do atraso brasileiro em relação a outros países. Já a partir da década de 1920, essa visão racista começou a perder força. A obra *Casa-grande e senzala*, escrita por Gilberto Freyre e publicada em 1933, foi considerada um marco transitório para a construção da identidade do brasileiro pela mistura das raças, sendo isso um fator positivo para a edificação de uma democracia racial.

O segundo período da sociologia no Brasil teve início no pós-guerra, durante a década de 1940, e se caracterizaou pelo amadurecimento dessa ciência nas universidades brasileiras. A partir de então, começaram a ser fundados os cursos superiores de Ciências Sociais. Os temas recorrentes nessa época estavam mais centrados em questões sobre a democracia e o desenvolvimento moderno. Os anos entre 1964 a 1985, período do governo militar, foram marcados por períodos alternados entre recessão e expansão dos cursos de Sociologia.

Nesse período, o tema mais recorrente foi a transição para a modernidade e o problema central foi a saída do subdesenvolvimento. Após o regime militar, ou seja, a partir de 1985, a sociologia brasileira se abriu para uma agenda voltada para fenômenos micro e, sob a influência do pensamento pós-moderno, alguns temas como **democratização, direitos humanos, desigualdade** e **gênero** despertaram o interesse nos grupos de pesquisa brasileiros (Liedke Filho, 2005).

3.2
Herança histórico-cultural

No final do século XIX e início do XX, a maioria dos pensadores sociais não tinha formação acadêmica em Sociologia, pois esse curso sequer tinha sido estruturado no Brasil.
Em maioria, esses intelectuais tinham formação em Antropologia, Direito ou História. Os estudos eram inspirados na filosofia positivista e na tradição colonial. Por vezes, utilizou-se o cientificismo da sociologia positivista para elaborar teorizações que justificavam as práticas escravistas do passado recente da República.

No item a seguir, você conhecerá pensadores sociais que se destacaram no primeiro período, quando raça e identidade foram os temas centrais do pensamento sociológico brasileiro.

3.2.1
Qual é a identidade do brasileiro?

A independência do Brasil veio acompanhada do desejo de se definir o que era ser brasileiro (Borges, 2006). A busca pela identidade nacional não era exclusividade do Brasil: tratava-se de uma onda mundial daquele período histórico. Desse modo, por aqui também havia um esforço por parte do Império em tornar notável a nossa identidade como nação. O pensamento social brasileiro nasceu no seio da discussão antropológica sobre a identidade nacional, promovida por literários, bacharéis em Direito e historiadores.

O pensamento vigente entre as camadas dominantes era de que a identidade brasileira deveria ser vinculada à erudição europeia, considerada uma cultura superior na época (Schneider, 2011). A obra literária *O guarani*, de José de Alencar, publicada em 1857, por exemplo, foi um notável esforço de criar uma identidade, mais tarde adaptada como uma ópera por Carlos Gomes, uma forma bastante erudita para se apresentar o Brasil ao mundo. Esse concerto estreou na Europa e apresentava um Brasil da cultura guarani, os índios mais pacíficos à colonização portuguesa. Nesse contexto do século XIX, as questões raciais e étnicas permeavam os debates antropológicos e sociais no Brasil. Assim, desenvolveu-se o pensamento sociológico centrado em questões raciais na busca de determinar qual seria a identidade nacional (Liedke Filho, 2005).

Não podemos perder de vista que, nesse mesmo período na Europa, o campo das ciências sociais estava em plena formação, induzido pela tradição positivista de Comte. Por aqui, em meados dos anos de 1870, os pensadores sociais brasileiros encontravam-se encantados com o positivismo, e muitos deles tangenciavam o cientificismo da sociologia de Durkheim, apesar de consumirem muito mais o evolucionismo social de Herbert Spencer, pensador inglês que teorizou o desenvolvimento das sociedades à luz do darwinismo, teoria pela qual tinha apreço. Para ele, as sociedades evoluíam análogas à lógica da evolução das espécies teorizadas por Charles Darwin. Assim, a ideia de evolução social, progresso e cientificismo social rapidamente ganhou atenção da elite intelectual brasileira no final do século XIX (Schwarcz, 2001).

A suposta superioridade da cultura europeia em relação aos povos nativos era um pensamento sedimentado na alta sociedade brasileira. Isso fica ainda mais notório quando observamos que o Brasil foi o último país da América a abolir a escravidão. Mas, mesmo após a libertação dos escravos – o que representou um salto civilizatório –, a busca por criar ou afirmar a identidade do ser brasileiro inicialmente aconteceu sob a inspiração do racismo científico, ou seja, da tentativa de comprovar cientificamente que os povos caucasianos eram superiores em relação aos negros e indígenas. Para isso, buscava-se fazer correlações entre inteligência e tamanho do crânio, argumentando que a anatomia craniana caucasiana corroborava com a ideia de que os povos dessa raça eram mais capazes que os tropicais.

A predominância desse pensamento no final do século XIX até as primeiras décadas do século XX pode ser ilustrada pelas ideias de Francisco Oliveira Vianna (Figura 3.2), bacharel em Direito que, em 1932, publicou a obra *Raça e assimilação*. Nesse texto, o autor argumentou em favor da cientificidade da superioridade da raça ariana (Schwarcz, 2001). O pensamento ao qual Olivera Vianna se ancorava sustentava que as raças não europeias, ou seja, indígenas e negros, eram a causa do atraso do desenvolvimento brasileiro em relação a outros países. Tratava-se de uma corrente de pensamento que racionalizava o racismo justificando-o cientificamente. Cabe ressaltar que a elite intelectual brasileira era, em sua maioria, descendente das camadas mais influentes do passado, isto é, de europeus fazendeiros e latifundiários. Portanto, o racismo científico característico desse grupo de intelectuais ilustrado pela obra de Vianna (1934) refletia a sedimentação de um pensamento conservador que, por séculos, naturalizou supostas inferioridades raciais por meio da exploração da mão de obra escrava.

Figura 3.2 Oliveira Vianna (1883-1951)

Arquivo Nacional do Brasil

Outro notável influenciador do pensamento social brasileiro foi Sílvio Romero. Romero também teve influência do darwinismo social de Spencer e sustentava que os caucasianos eram mais evoluídos. O autor ficou conhecido por propagar a ideia de que a identidade do Brasil era formada pela mestiçagem entre três raças: branca, negra e americana. Através do branqueamento do brasileiro, ou seja, pelo processo de mestiçagem, ao longo dos próximos séculos haveria a formação de uma linhagem brasileira com predominância dos traços culturais europeus. Os traços negros e indígenas eram considerados as causas do atraso da sociedade brasileira que, sob o ponto de vista do racismo científico, seria amenizado pelo processo de branqueamento (Dantas, 2009).

No final da década de 1920, o racismo científico perdeu espaço e teve início um novo período na sociologia brasileira. O trabalho do sociólogo Gilberto Freyre (Figura 3.3) representou um período de transição, rompendo com o racismo científico e apresentando a positividade da identidade miscigenada do Brasil, caracterizada como uma **democracia racial** na obra *Casa-grande e senzala* (Cardoso, 2003).

Figura 3.3 Gilberto Freyre (1900-1987)

Rogério Carneiro/Folhapress

Como literário e historiador, sua postura não foi promover uma verdade absoluta, mas sim oferecer pistas para interpretar partes de uma sociedade e de uma história brasileira que incluía os negros como agentes sociais (Cardoso, 2003). Freyre foi influenciado pelos escritos do antropólogo Franz Boas e do historiador Thomas Skidmore. Sua influência metodológica foi de grupo francês de historiadores conhecido como *Escola dos Annales*, que buscava remontar a narrativa da história por meio de fontes ignoradas pelos historiadores positivistas. Nesse sentido, Freyre buscou fundamentar sua obra literária na materialidade de fontes que permitiam relatar o cotidiano suprimido pela história oficial, aquela difundida pelo governo e intelectuais eugenistas nos tempos da escravidão. Para sua época, narrar a história também com base em fontes não oficiais, como é esperado de uma pesquisa histórica, representou uma grande ruptura, inspiradora, diga-se de passagem (Bertolli Filho, 2003).

Freyre (2006) argumentou sobre os benefícios da mestiçagem das raças. Com profundo conhecimento historiográfico e etnográfico, o autor ilustrou detalhadamente uma sociedade formada sob a influência da cultura negra na relação dos escravos com o patriarcado branco. Para Cardoso (2003), a obra de Freyre revela uma espécie de democracia racial como aspecto identitário brasileiro que argumentava a favor da relação convivial entre brancos e negros.

Apesar de se tratar de uma peça literária riquíssima em detalhes, e ainda que com ambiguidade e antagonismos propositais, *Casa-grande e senzala* foi lançada em 1933 com uma prosa sedutora e atrativa às elites que a consumiram na época (Cardoso, 2003; Lehmann, 2008). A grande contribuição da obra de Freyre (2006) foi romper com o pensamento cientificista da inferioridade dos africanos escravizados no Brasil e os elevar como parte indissociável da identidade nacional. A brasilidade está, pois, na mestiçagem e na democracia construída pelo convívio entre as raças.

Casa-grande e senzala foi alvo de muitas críticas, entre elas, de apresentar um recorte romantizado da relação entre senhorio e escravo, omitindo a dura realidade do escravo no exercício de seu trabalho. Nesse sentido, Cardoso (2003) afirma que a obra se trata de uma novela ou um romance literário.

Apesar do hibridismo metodológico que confere materialidade àquilo que é ilustrado, talvez o livro tenha muito mais um papel indutor do que descritivo. Desse modo, Freyre conseguiu transitar entre vários estratos sociais ao longo das décadas que sucederam sua publicação. Como consequência, ao descrever a identidade do Brasil como uma democracia racial, o autor acabou influenciando ações políticas para que essa imagem ideal fosse buscada (Lehmann, 2008).

Durante a década de 1930, também foram notáveis os trabalhos de Caio da Silva Prado Júnior. Formado em Direito e Geografia, ele abandonou os vínculos aristocráticos de uma família paulista de cafeicultores e se dedicou ao pensamento revolucionário ligado aos movimentos de operários de sua época. Suas principais obras são: *Evolução política do Brasil*, *Formação do Brasil contemporâneo*, *História econômica do Brasil* e *A revolução brasileira* (Reis, 1999).

Prado era um intelectual marxista heterodoxo, ou seja, não fundamentalista, razão por que não era bem visto pelos marxistas ortodoxos brasileiros. Até 1964, fez inúmeras publicações na *Revista Brasiliense*, fechada no governo militar. Em sua trajetória como intelectual, Caio Prado Jr. fez a síntese histórica do passado brasileiro propondo ações para mudanças sociais e utilizou métodos historiográficos para a produção de uma teoria qualificada capaz de sustentar a necessidade de mudanças políticas necessárias para a correção de problemas estruturais do país (Reis, 1999). Além disso, o autor também militou no Partido Comunista e exerceu alguns cargos públicos, inclusive eletivos.

Figura 3.4 Sérgio Buarque de Holanda (1902-1982)

O último dos pensadores sociais aqui abordados, referente ao período de pensadores sociais que antecederam o campo sociológico maduro e os cursos superiores em Sociologia no Brasil, é Sérgio Buarque de Holanda (Figura 3.4). Tanto quanto Gilberto Freyre e Caio Prado Jr., esse intelectual recorreu à historiografia para fundamentar um projeto analítico e normativo sobre os desafios sociais e políticos no Brasil pós-colonial, livre de seus caciques rurais. Dentre os principais desafios, Sérgio Buarque de Holanda analisou como o país se consolidaria como uma nação democrática e moderna a partir de um passado colonial (Costa, 2014).

Gilberto Freyre, Sérgio Buarque de Holanda e Caio Prado Jr. formaram uma geração de intelectuais que, apesar das influências teóricas e metodológicas distintas, ofereceram olhares globais sobre a formação da sociedade brasileira. De forma geral, essa geração de intelectuais da década de 1930 contribuiu não só para a compreensão do passado, mas também para a construção de um futuro idealizado em que as questões raciais haveriam de ser superadas e a democracia seria estabelecida (Lima, 2008).

3.2.2
Rumo à modernidade: o amadurecimento das ciências sociais no Brasil

Na década de 1940, o Brasil ganhou um de seus sociólogos mais influentes: Florestán Fernandes (Figura 3.5). De origem pobre, ele iniciou sua formação sociológica na prática cotidiana como alguém que enfrentava situações sociais adversas para conquistar sua escolarização. Começou a trabalhar ainda na infância e, por isso, não chegou a completar o curso primário – somente o concluiu de forma alternativa com o curso secundário. Em 1941, formou-se em Ciências Sociais pela Universidade de São Paulo (USP) e, em 1951, concluiu seu doutoramento na mesma instituição. Sua produção intelectual deve ser analisada à luz de sua história de vida. Fernandes interessou-se pelo contraditório e pelos antagonismos, além de ter afrontado as desigualdades. Ele próprio atribuía sua maturidade analítica às suas experiências de vida (Ianni, 1991).

Figura 3.5 Florestán Fernandes (1920-1995)

Acervo UH/Folhapress

De acordo com Ianni (1991, p. 26), "Florestan Fernandes é o fundador da Sociologia Crítica no Brasil". Suas pesquisas, de caráter interpretativo e descritivo, abordaram temas como a revolução burguesa (mecanismos de tomada de poder institucional pela burguesia), educação e sociedade, cultura, escravidão e história latino-americana. A perspectiva crítica, questionando o real e as teorias, permeou toda sua obra. Fernandes tinha fluência nas obras dos clássicos da sociologia e também dos pensadores modernos. Desse modo, remontou, questionou e recriou os diagnósticos da sociedade brasileira com grande propriedade, sendo conhecido como o autor de uma nova interpretação do Brasil (Ianni, 1991). O sociólogo questionou radicalmente a ideia de que o Brasil era uma democracia racial, tratando-a como a romantização de uma realidade perversa com um ordenamento social determinado por raça, mesmo após a abolição dos escravos.

Também mencionamos o sociólogo brasileiro Alberto Guerreiro Ramos (Figura 3.7), lembrado pelo seu esforço em consolidar uma sociologia brasileira com identidade própria, fundada em uma postura descolonizadora e crítica. Guerreiro

Ramos "assessorou o presidente Getúlio Vargas durante seu segundo governo, atuando em seguida como diretor do departamento de sociologia do Instituto Superior de Estudos Brasileiros – Iseb (Alberto..., 2018).

O autor compilou um projeto sob três conjuntos de questões: (i) a formação de uma sociologia brasileira com consciência crítica que substituísse as correntes positivistas e fosse fundada no contexto latino-americano; (ii) o uso da teoria social fundada sob essas bases como um instrumento analítico da realidade brasileira; e, com isso, (iii) a utilização da ciência social para a organização de uma sociedade com consciência crítica para resolver suas contradições (Lynch, 2015).

Para Guerreiro Ramos, a pretensão de universalidade que a sociologia positivista importava das ciências naturais ignorava que as sociedades não são estáticas e somente podem ser explicadas a partir de suas especificidades, não sendo possível isolar os fenômenos sociais de seus contextos ou, ainda, tratá-los como fatos objetivos e formular explicações de relações causais com pretensão de universalização. Para o autor, era necessária a formação de uma sociologia própria para refletir sobre a sociedade e o pensamento social brasileiros, ambos condicionados histórica e culturalmente. Após a formação da autoconsciência social crítica, as periferias coloniais se integrariam à história universal, deixando de consumir acriticamente a ciência social norte-americana e europeia. Portanto, a proposta de Guerreiro Ramos era formar um pensamento sociológico contextualizado e capaz de resolver autonomamente os problemas e as mazelas sociais nacionais. Isso romperia com a situação de eternos colonizados pelo pensamento das grandes potências mundiais (Lynch, 2015).

Outro importante sociólogo brasileiro foi Darcy Ribeiro (Figura 3.6), mineiro formado pela Escola de Sociologia e Política da USP na década de 1940. Além da carreira como escritor, Ribeiro também construiu carreira política. Em sua militância, defendeu propostas relacionadas à educação e à causa indígena. Participou da fundação da Universidade de Brasília (UnB) e foi exilado durante o regime militar pós-golpe de 1964. Quando retornou, fundou o Partido Democrático Trabalhista (PDT) ao lado de Leonel Brizola. Ocupou diversos cargos da Administração Pública no Rio de Janeiro e, mais tarde, foi Senador da República, exercendo o mandato entre 1991 e 1997 (Heymann, 2012).

Figura 3.6 Darcy Ribeiro (1922-1997)

Juca Varella/Folhapress

Sua militância intelectual consistia em promover a descolonização do saber, elevando o pensamento periférico do assim referido *terceiro mundo* à condição de copartícipe do processo civilizatório global do qual fora apartado. Para Darcy Ribeiro, o pensamento latino-americano tinha em muito a contribuir para a formação de um gênero humano novo capaz de enfrentar seus próprios desafios sem depender dos colonizadores (Ribeiro, 2011).

Ribeiro se definia como etnólogo. Esse interesse expresso pela cultura o levou a desenvolver pesquisas em tribos indígenas brasileiras. A influência da cosmovisão indígena perdurou ao longo de sua vida intelectual. Ele escreveu muitas obras, o que lhe conferiu uma cadeira na Academia Brasileira de Letras (ABL). Mas uma obra específica nos interessa neste momento: *O povo brasileiro: a formação e o sentido do Brasil*. Interessado pela cultura, o autor retomou o diálogo a respeito da identidade nacional e buscou desconstruir o romantismo da democracia racial, afirmando que a mestiçagem representava a pacificação da relação entre raças e classes. Ribeiro argumentou que o Brasil foi criado sob o imaginário europeu e edificado sob formas de violência, como genocídio dos nativos e apropriação de mão de obra escrava, bem como que a própria mestiçagem não representaria uma integração racial, senão mais uma forma de violência, a sexual, permeada pelo sentimento de supremacia dos colonizadores (Heymann, 2012).

Entre os mais influentes sociólogos brasileiros contemporâneos está Fernando Henrique Cardoso (FHC) (Figura 3.7). Nascido em 1931, numa família de militares engajados na política, FHC frequentou as melhores escolas do Rio de Janeiro e de São Paulo. Em 1949, iniciou sua formação superior na Faculdade de Filosofia, Ciências e Letras da USP. Foi aluno de Florestán Fernandes e teve uma formação erudita (Garcia Jr., 2004). Interessava-se pelos clássicos da sociologia e suas principais influências foram Max Weber, Karl Marx e Émile Durkheim, demonstrando especial apreço por Karl Mannheim. Nos grupos de estudos da USP, teve contato com debates referentes aos pensadores dos anos de 1930, no que se referia às questões raciais, ao escravismo e à democracia. Estudou em profundidade a obra *O capital*, de Marx, mas, inicialmente, demonstrou forte interesse por Max Weber, por meio das aulas de Florestán Fernandes.

Figura 3.7 Fernando Henrique Cardoso (1931-)

Sob a influência do materialismo histórico dialético, FHC desenvolveu análises históricas em seus estudos iniciais. Sua primeira grande obra foi lançada em 1962, intitulada *Capitalismo e escravidão no Brasil meridional: o negro na sociedade escravocrata do Rio Grande do Sul*. Nesse livro, Cardoso (2003) analisou o papel do escravo não rural na economia gaúcha, mais precisamente, a utilização de mão de obra escrava nas charquearias. Sua intepretação sociológica questionou a visão de que os escravos em território gaúcho tiveram tratamento mais digno em relação às condições da escravidão rural. A razão do declínio do setor de charquearia teria ocorrido em razão da mentalidade tradicional de uma sociedade colonial escravocrata, o que levou os charqueadores a se ocuparem mais com o controle e a autoridade sobre a mão de obra do que com a eficiência do processo produtivo. A concorrência uruguaia, sob um contexto político distinto, utilizava mão de obra livre, o que acabou sobrepujando a produção no Rio Grande do Sul.

Com o golpe militar de 1964, assim como muitos outros intelectuais, FHC foi exilado, e sua permanência fora do país o levou à consagração como sociólogo, ao difundir suas análises da França e no Chile. Nesse período, em 1968, ele publicou a obra *Cuestiones de sociología del desarrollo en América Latina*, uma análise ampla que buscava compreender as vias de desenvolvimento das nações latino-americanas no curso da expansão capitalista. O contexto brasileiro era de instabilidade política e os intelectuais buscavam descobrir se a burguesia seria capaz de promover o desenvolvimento econômico ou se isso aconteceria apenas mediante a ação estatal, por meio da revolução idealizada por militantes de esquerda (Garcia Jr., 2004).

Quando regressou do exílio, FHC investiu na carreira política, por acreditar que esta seria uma via de ação possível para promover mudanças em prol da **conquista da democracia e redução das desigualdades**. Seu primeiro cargo foi como senador, em 1978, e em 1994 foi eleito Presidente da República (Garcia Jr., 2004). Mesmo durante a maturidade da carreira política, FHC nunca abandonou os circuitos acadêmicos. Sua ampla bibliografia está centrada em temas como democracia, igualdade social, política e globalização.

Das análises macro envolvendo questões amplas como identidade nacional, modelo político-econômico-cultural e estudos raciais relacionados à escravidão, características até o final dos anos de 1970, houve uma transição do interesse dos sociólogos brasileiros para questões locais, de movimentos sociais e de agentes de mudanças no contexto da redemocratização do país (Liedke Filho, 2005).

Será que é possível manter neutralidade no campo sociológico?

Apesar de a sociologia brasileira ter se desenvolvido de forma engajada nos temas problemáticos de nossa

> sociedade desde a colonização portuguesa – como racismo, desigualdade e conquista da democracia – a primeira geração de pensadores sociais, mesmo quando afirmava neutralidade científica, estava tomando partido do *status quo*.

3.3
O campo sociológico no Brasil contemporâneo

Além da influência dos clássicos, a sociologia brasileira atual vem sendo construída sob a influência de grandes pensadores do campo social dos séculos XX e XXI, como Jürgen Habermas, Pierre Bourdieu e Michel Foucault. Os cursos superiores e grupos de pesquisa se multiplicaram e, com eles, também a capacidade de se estudar uma maior diversidade de temas que emergiram com a globalização, como redemocratização do país, educação, religião e questões de multiculturalismo. Para Liedke Filho (2005), passamos, então, das análises macro para as análises de fenômenos locais.

A história desse campo no Brasil demonstra que até mesmo a função da sociologia não recebeu um conceito definitivo, tendo em vista que ela já foi instrumento de legitimação de dominação racial, de idealizações indutoras de uma sociedade diferente e mais justa, de inspiração de movimentos sociais e militâncias políticas, de reanálises da própria história, bem como um aparato para a interpretação dos fenômenos que nos rodeiam.

Os grandes movimentos no campo da filosofia também influenciaram as ciências humanas e sociais. Na busca pela cientificidade, as leis gerais que inicialmente moviam o pensamento sociológico brasileiro sucumbiriam na pós-modernidade. Considerando que o saber é uma interpretação com base em um contexto sócio-histórico, muitos ramos da sociologia deixaram de almejar verdades universais e se ocuparam em compreender questões locais, dinâmicas de interação social próprias desses contextos e o abandono da resignação ante os problemas sociais.

Nesse sentido, as abordagens teóricas de Habermas, Foucault e Bourdieu estão impulsionando os estudos sociais brasileiros para a exploração de fenômenos sob novas perspectivas. Habermas é um filósofo e sociólogo alemão que tem influenciado estudos sobre emancipação e democracia. Sua Teoria da Ação Comunicativa propõe que o mundo da vida é viabilizado pelo consenso e pelo entendimento, em uma relação social de não dominação, em que a verdade se constrói pela força do argumento, e não por imposições políticas e/ou econômicas. Foucault foi um filósofo francês que se dedicou à investigação das relações de poder que estruturam a sociedade. Fortemente influenciado pelo pensamento pós-moderno, os estudos foucaultianos têm caráter crítico e são bastante versados em estudos sobre poder e discurso. Bourdieu foi um sociólogo francês que desenvolveu teorias sobre cultura, educação, arte e política. Entre suas contribuições, destacamos a teoria dos campos sociais, por meio da qual o autor explica a sociedade por meio de um conjunto de arenas de disputa de poder e embates de forças entre agentes sociais com funcionamentos relativamente autônomos e contextuais.

Segundo informações do Conselho Nacional de Desenvolvimento Científico e Tecnológico (CNPq), em 2018 existiam mais de 500 grupos de pesquisa de temas sociológicos nas áreas das ciências humanas e das ciências sociais aplicadas (CNPq, 2019)[1]. Esse número de grupos noz faz ter ideia da diversidade de temas e da capilaridade de atuação desses pesquisadores.

Síntese

Neste capítulo, discutimos que a sociologia brasileira pode ser compreendida com base em dois períodos. O primeiro teve origem no final do século XIX, quando a elite intelectual brasileira entrou em contato com o positivismo científico recém-desenvolvido na Europa. Flertando com abordagens do darwinismo social e da antropologia, buscava-se determinar qual era a identidade do brasileiro.

A primeira geração desse período buscou evidenciar cientificamente a superioridade da cultura europeia na formação da identidade nacional. Já a segunda geração ilustrou, por meio de obras literárias, que a identidade do brasileiro era constituída pela pluralidade racial e que a característica da nação era a formação de uma democracia racial por meio da convivência funcional de índios, negros e caucasianos.

Por sua vez, o segundo período foi caracterizado pela produção científica com maior rigor metodológico e pela busca da fundação de um pensamento sociológico brasileiro. Nesse período, foram criados os primeiros cursos de Sociologia. A partir de então, esse campo do saber ganhou maturidade, formando notáveis pensadores que foram capazes de produzir não apenas análises filosóficas ou obras literárias, mas teorias metodologicamente bem constituídas para a explicação dos fenômenos da sociedade brasileira.

---

1 Dados retirados de consulta realizada no *site* do CNPq com a utilização de filtros.

O conturbado contexto político, acentuado pelo golpe militar, levou muitos intelectuais a se engajarem na política para promover as mudanças possíveis, fruto das inspirações de suas análises acadêmicas.

Atualmente, a sociologia brasileira possui uma ampla gama de temas e, além do pensamento clássico, o movimento filosófico da pós-modernidade inspirou estudos críticos e contextuais, passando de macroabordagens para investigações e análises locais e contextuais.

Perguntas & respostas

Quais são as diferenças entre as duas fases da sociologia brasileira?

A primeira fase foi marcada por pensadores com formações em vários campos do saber, os quais teorizavam sobre a sociedade por meio da literatura, da história, da antropologia e do direito. As questões raciais eram centrais. Ademais, na virada do século XX, alguns dos intelectuais mais famosos estavam alinhados ao pensamento eugenista. Mais tarde, os pensadores sociais passaram a valorizar a mestiçagem e a tomaram como um fator identitário positivo de nossa cultura.

Já a segunda fase foi marcada pelo amadurecimento da sociologia enquanto ciência no Brasil, principalmente em razão da estruturação do curso de Sociologia na Escola de Sociologia e Política de São Paulo. Sob uma tradição crítica, as questões raciais passaram a ter outra leitura e, de certa forma, a sociologia ofereceu novas interpretações sobre a história da sociedade brasileira.

Por que a sociologia brasileira contemporânea tem traços críticos?

Muitos dos sociólogos mais notáveis que se formaram nas primeiras turmas da Escola de Sociologia e Política de São Paulo eram simpatizantes do marxismo. Desse modo, esses intelectuais herdaram, entre outras influências, a tradição à crítica marxista. Essa marca se refletiu nas obras dos mais notáveis sociólogos do Brasil e, de certa forma, serviram de base para a formação da identidade da sociologia brasileira ao longo das décadas que se seguiram. Além disso, questões referentes ao racismo, à luta contra o totalitarismo e à promoção da justiça social sempre foram pautas aderentes às tradições críticas derivadas do marxismo. Atualmente, no Brasil, há uma pluralidade de abordagens sociológicas que incluem perspectivas funcionalistas. Entretanto, a perspectiva crítica ainda é bastante presente.

Para saber mais

A NEGAÇÃO do Brasil. Direção: Joel Zito Araújo. Brasil, 2000. 92 min.

O documentário *A negação do Brasil*, dirigido por Joel Zito Araújo, oferece uma ampla análise sobre a representação do negro em personagens nas telenovelas brasileiras. O filme fornece uma ampla análise desde as primeiras telenovelas transmitidas no país e conta com a participação de alguns atores que interpretaram esses personagens, comentando sobre o contexto das produções abordadas.

Questões para revisão

1) Como a eugenia era articulada no pensamento social brasileiro do final do século XIX?

2) Quais são as características do segundo período da sociologia brasileira?

3) Marque a alternativa correta:
   a) O primeiro período do pensamento social brasileiro foi caracterizado pela desconstrução da ideia de democracia racial, desde a obra literária de Gilberto Freyre.
   b) A influência do positivismo na sociologia brasileira foi demonstrada na década de 1940, quando se consolidou a sociologia científica no Brasil.
   c) Democracia, raça e redução das desigualdades estão entre os temas mais abordados pela sociologia brasileira de 1920.
   d) Fernando Henrique Cardoso, Florestán Fernandes e Sílvio Romero são exemplos de sociólogos que se interessaram pelo reestabelecimento da democracia no Brasil.

4) Marque a alternativa **incorreta**:
   a) Algumas obras literárias das primeiras décadas do século XX nos revelam a segregação racial introjetada no cotidiano da sociedade brasileira no período pós-abolição.
   b) Fernando Henrique Cardoso, Darcy Ribeiro e Alberto Guerreiro Ramos buscaram participar das transformações sociais brasileiras através da produção acadêmica e da militância política.

c) As principais contribuições da primeira geração de pensadores sociais do Brasil foram teorizar sobre o racismo e buscar reduzir a segregação por meio de peças literárias.
d) Apesar de *Casa-grande e senzala* ser considerada a romantização de uma sociedade escravista, a obra anunciou a democracia racial como um ideal a ser construído, para superar a ideia da supremacia europeia no Brasil.

5) Marque a alternativa **incorreta**:
a) Durante quase meio século, o pensamento social brasileiro procurou dar uma definição ao que seria a identidade nacional.
b) A utilização da ciência como justificadora da tradição escravocrata entre os séculos XIX e XX demonstra a imaturidade do pensamento social brasileiro nesse período.
c) Após a década de 1990, a sociologia brasileira passou a construir um pensamento autônomo e emancipatório, visando às transformações sociais desejadas para a realidade nacional.
d) A sociologia científica no Brasil ganhou robustez metodológica após o contato de nossos intelectuais com a filosofia positiva de Auguste Comte.

4
Racismo

Conteúdos do capítulo:

- Episódios históricos de racismo no mundo.
- As origens do racismo no Brasil.
- A crise da ideia de evolução social pela razão científica.
- O caráter estrutural da desigualdade racial.
- Manifestações racistas e contra o racismo na literatura e na mídia brasileira.

Neste capítulo, compartilharemos interpretações sociológicas críticas a respeito das manifestações de racismo ao longo da história moderna. Quando o homem conquistou o protagonismo sobre a construção do futuro da sociedade a partir do Iluminismo, surgiu a esperança de que a razão humana seria capaz de evoluir a sociedade a patamares ideais.

Entretanto, talvez o pressuposto positivista da sociologia de Durkheim – de que a sociedade avançava em complexidade e desenvolvimento sob um ciclo virtuoso – parece ter sido colocado em cheque quando constatamos episódios recentes e reincidentes de discriminação de seres humanos em função de raça, orientação sexual, aparência ou crenças.

Nas páginas que seguem, você terá contato com análises críticas sobre os episódios de racismo ocorridos no último século, no mundo e no Brasil. O objetivo será demonstrar as fragilidades e consequências da crença de que a ciência é neutra e porta a verdade transcendente e universal, muitas vezes sustentando ações de violência física e simbólica, a exemplo da escravidão, do Holocausto e das formas de discriminações presentes ao longo da história moderna.

4.1
Racismo: um tema global

Toda a expectativa de que a razão humana conduziria a humanidade para a construção de uma sociedade livre, igualitária e fraterna parece não ter passado de um devaneio idealista da Revolução Francesa que não se concretizou no curso da história moderna.

Nem mesmo as lições que a consciência histórica poderia prover, como a superação da escravidão, que por séculos sustentou economias ao redor do mundo, não representaram um ponto final na questão da segregação por raça. Infelizmente, alguns episódios dos últimos cem anos colocam em cheque a capacidade de evolução social considerada pelos sociólogos funcionalistas e evolucionistas, como Durkheim e Spencer.

Observemos as trágicas consequências da escravidão, a exemplo da desigualdade social e do racismo institucional. Essas consequências foram negadas durante décadas, ignorando que, após a abolição da escravatura no Brasil, a segregação racial se apoiou até mesmo em abordagens científicas na tentativa de manter a estrutura social que segregava os negros e os índios.

A ideia de evolucionismo social se torna frágil quando consideramos que as duras lições da Primeira Guerra Mundial não impediram que os mesmos países também protagonizassem a Segunda Guerra Mundial, com armas de destruição em massa que dizimaram milhares de pessoas em poucos segundos.

Como não considerar a evolução social um sonho frágil ao analisar que, em pleno século XX, houve episódios de genocídio sob a justificativa de refinamento da raça humana? Basta lembrar do que foi empreendido pelo regime nazista no episódio do Holocausto, no qual mais de seis milhões de vidas foram ceifadas e legitimadas pelo argumento da superioridade da raça ariana. O Holocausto foi legitimado por discursos científicos da época que fomentavam técnicas racionais para a justificação de objetivos irracionais (Bauman, 1998). A Figura 4.1 retrata a perversidade com que seres humanos eram tratados nos campos de concentração, onde eram mortos, amontoados e enterrados aos milhares em valas ou incinerados.

Figura 4.1 Vítimas de um campo de concentração nazista, em abril de 1945

Everett Hitorical/Shutterstock

Sim! Racionalidade... criadora de técnicas métricas e administrativas empregadas para a construção de engenhosas organizações, como se fossem máquinas burocráticas eficazes e especializadas em matar seres humanos (Bauman, 1998). As mesmas técnicas burocráticas-administrativas e os mesmos saberes científicos que eram utilizados pelas empresas para o alcance de seus objetivos também foram empregados por governos ditatoriais, com o objetivo de exterminar quem era ou pensava diferente dos governantes, considerando essas pessoas inferiores ou inimigos. Notemos, mais uma vez, que a ciência não consegue ser neutra, pois o método científico é conduzido por interesses e objetivos que nem sempre respeitam os direitos humanos, os acordos de convivência e os ideais de justiça necessários para a manutenção da paz mundial.

A aversão ao ser diferente, ou ainda, a negação do direito de ser diferente – quando isso em nada interfere no direito do outro – parece não ter ficado no passado. Os graves episódios de racismo, como o Holocausto, não foram um trágico e superado episódio da história recente (Bauman, 1998), tampouco foram capazes de evitar discursos nacionalistas radicais no mundo atual, intolerantes aos fluxos migratórios, fugitivos das violências sociais e de outras disfunções que a própria modernidade construiu.

A narrativa fabulosa da globalização revela também uma face perversa e contraditória (Santos, 2004). Desde o fim da Guerra Fria existe um discurso globalista de que estamos em meio à formação de uma comunidade global. A queda do Muro de Berlim (que dividia as economias capitalista e comunista na Europa) foi um evento bastante simbólico nesse propósito. Mas, atualmente, de forma até contraditória, a globalização parece comportar barreiras físicas e simbólicas. Por exemplo, a intenção de retomar a construção do muro entre o México e os Estados Unidos representa, mais do que a delimitação de uma fronteira, uma barreira simbólica que separa os Estados Unidos dos povos latino-americanos categorizados como não desenvolvidos.

> Em vários pontos do globo, os fluxos migratórios não têm sido pacíficos. Na Europa, são muitas as situações de conflitos que envolvem a recepção de refugiados do Oriente Médio. No Brasil, durante o ano de 2018, ocorreram episódios de conflitos sociais no Estado de Roraima, decorrentes do fluxo de venezuelanos que fugiam da crise econômica de seu país. Considerando esses episódios, cabe refletir: Realmente estamos caminhando para uma aldeia global?

4.2
As origens da discriminação racial no Brasil: um olhar sócio-histórico

Referir-mo-nos à chegada dos portugueses como *o descobrimento do Brasil* é incômodo. Parece que sem a vinda das caravelas portuguesas as civilizações que aqui habitavam não teriam existido por si. A narrativa eurocêntrica da história do descobrimento revela uma postura de supremacia em relação ao não europeu: civilizados *versus* não civilizados, uma hierarquia racial criada pelo imaginário branco que arbitrariamente se colocou no topo. As terras recém-descobertas – sob o ponto de vista português – foram palco da dizimação de nativos como vias para a extração de riquezas e a estruturação de uma economia que escravizaria índios e negros.

As sociedades nativas foram sistematicamente desestruturadas, seja pela catequização oferecida pelos jesuítas, seja pela espada que era desembainhada àqueles que resistiam à docilização catequética e à submissão às regras do europeu. O tráfico negreiro, o não reconhecimento da condição humana do indígena não catequizado e a apropriação da existência do outro, fazendo-o um objeto de propriedade particular, foram praticados pela "civilidade" europeia, que inferiorizou o **ser diferente**.

É fato que a escravização do povo vencido foi uma tática milenar de muitas civilizações. Em uma guerra, o povo vencido se tornava servil ao vencedor, sem, no entanto, que a condição cativa ocorresse simplesmente em razão de ser diferente. Foi na modernidade que o ser humano passou a ser escravizado em razão de seu fenótipo, inferiorizado e tomado como objeto ou mercadoria.

Paradoxalmente, foi justamente na era da razão e do progresso do conhecimento científico que algumas etnias escravizadas passaram a ser consideradas inferiores por suas características físicas, e não pela complexidade de seus saberes. Foi nesse contexto que episódios de racismo em vários pontos do mundo durante os séculos XIX e XX foram justificados com métodos científicos.

Nesse mesmo período, no campo do pensamento social brasileiro, os homens de ciência, ou a elite intelectual, consumiram vogas literárias que nem sempre mereceram crédito em seus contextos de origem. Por exemplo, Schwarcz (2001) afirma que os pensadores sociais do Brasil pré-republicano se encantaram pelo conceito de darwinismo social em uma época em que tal conceito já não era tão levado a sério na maioria dos países da Europa. Tais textos eram sistematicamente selecionados para dar bases científicas à visão tradicional da elite colonial que, paradoxalmente conservadora e liberal, simpática aos ideais da Revolução Francesa e, ao mesmo tempo, mantenedora da escravidão (Bosi, 1988), estava prestes a admitir, ainda que tardiamente em relação aos demais países da América, a abolição dos escravos em virtude da baixa competitividade em relação aos países que utilizavam mão de obra livre (Cardoso, 2003).

Por outro lado, não podemos negar que nesse episódio havia o rótulo legitimador da cientificidade, demonstrando que a ciência não está isenta de interesses. Ou seja, a ciência, como instrumento da obtenção de verdades, não é capaz de lidar com as vontades e pulsões irracionais de quem dela se utiliza.

> A história nos permite conhecer os interesses aos quais serviram muitas teorias científicas que embasaram ações deploráveis pautadas no racismo, resultando em genocídios e desigualdade social. Como nos sinaliza Habermas (1987), a ciência não é neutra, pois o cientista não é instrumento do método, mas sim o seu condutor guiado por interesses.

No contexto da virada para o século XX, parece estar mais claro que, mesmo quando o positivismo sociológico apregoou neutralidade interpretativa – ou seja, o desenvolvimento de saber científico isento de interesses particulares –, estava, conscientemente ou não, agindo em favor da manutenção da ordem dominante. Os episódios de racismo científico no Brasil são exemplos de que a legitimidade conferida a determinadas práticas no campo social nem sempre representaram progresso. Isso frustrou a ideia de que a humanidade seguia um caminho de progresso iluminado pela razão, contrapondo, assim, a ideia de evolucionismo social importada do campo biológico darwinista.

Tomemos como exemplo o pensamento **eugenista**, no qual se inspiraram Oliveira Vianna, Sílvio Romero, entre outros representantes do racismo científico no Brasil. Provar cientificamente a inferioridade dos povos negros, indígenas e mestiços tinha como objetivo a manutenção dos interesses da elite branca no contexto da abolição da escravidão no Brasil. Os homens da ciência (a exemplo de Oliveira Vianna), filhos da elite sustentada pela dinâmica da economia escravista do Brasil Colonial, encontraram no evolucionismo social o argumento científico necessário para justificar uma tradição de séculos de dominação racial. Como consequência, isso permitiria a manutenção da supremacia branca sobre os povos indígenas e africanos no pós-escravidão (Schwarcz, 2001).

Apesar da Lei Áurea ter decretado o fim da escravatura, economicamente inviável[1] em muitos setores da economia brasileira, os escravos libertos não se tornaram efetivamente cidadãos. Sem nenhum tipo de recurso econômico a não ser a própria mão de obra, eles continuaram a depender das elites para trabalhar. Muitos permaneceram nas áreas rurais em condições análogas à escravidão; outros encontraram lugar na periferia de uma sociedade urbana estruturalmente excludente, e a estes restaram o trabalho artesanal e a mendigagem. A abolição dos escravos foi uma dádiva aos proprietários de empreendimentos de setores decadentes da economia: aqueles que já não tinham vendido seus escravos a baixo valor para os produtores de café puderam se livrar do ônus de manter a mão de obra excedente em propriedades de pouca rentabilidade (Fernandes, 1978).

Entretanto, ao olhar elitista, o crescente contingente de desocupados e a consequente massa de miseráveis que se acumulavam nas periferias dos centros urbanos era uma questão de incapacidade, cristalizando uma inferioridade e negando que

---

1 Cardoso (2003) abordou a decadência das charquearias no Rio Grande do Sul em função da baixa competitividade tecnológica e produtiva, devido à utilização de mão de obra escrava.

tal condição era fruto de um processo histórico de dominação (Patto, 1999).

> A negação da escravidão e a romantização da República como sendo uma nação igualitária se materializaram na letra do seu Hino da Proclamação da República, oficializado em 1890: "[...] Nós nem cremos que escravos outrora / Tenha havido em tão nobre País... / Hoje o rubro lampejo da aurora / Acha irmãos, não tiranos hostis / Somos todos iguais! [...]" (Brasil, 2018).

Nesse sentido, observa-se a negação do passado que, por séculos, prosperou a elite mediante uma economia fomentada pela escravidão. Rui Barbosa, na posição de Ministro e Secretário de Estado dos negócios da Fazenda e Presidente do Tribunal do Tesouro Nacional, ordenou a destruição de documentos oficiais que provavam a escravidão sob o argumento de que se tratava de um passado vergonhoso (Lacombe; Silva; Barbosa, 1988). Negar o passado permitiria recontar a história romantizando a ascensão das elites brancas sob o argumento de mérito em função de uma suposta superioridade cultural.

É verdade que desde a abolição dos escravos, em 1888, não houve outro regime formal de segregação por raças. Entretanto, isso não significa que a Lei Áurea foi suficiente para libertar os escravos do racismo institucionalizado. Não foram poucas as situações de discriminação indireta. Lembremos que, no final do século XIX, houve um intenso incentivo à imigração europeia para a ocupação das zonas rurais, em concomitância com a onda eugenista que via na imigração uma possibilidade de melhoramento da identidade brasileira pelo branqueamento da raça até a total supressão das culturas indígenas e afros em nosso território (Araújo, 2000). No mesmo século, como lembra Santos (2008), também ocorreu a elaboração de políticas públicas que integravam o não branco à sociedade já numa posição de inferioridade hereditária.

Ao longo do século XX, a privação dos direitos de cidadão se manifestou em vários momentos da vida de quem herdava o fardo negativo das consequências históricas da escravidão. Tal privação envolveu desde o acesso à saúde na infância às restrições estruturais no acesso à boa formação escolar na juventude, alimentando um ciclo vicioso na idade adulta, com restrições e diferenciações no mercado de trabalho (Heringer, 2002). A negação discursiva do racismo induzida pela ideia de que o Brasil vivia uma democracia racial nas décadas de 1920 e 1930 não fez a desigualdade racial ser suprimida no dia a dia. Esse discurso, que substituiu as correntes eugenistas, apenas tratou de negar que índios e negros continuavam com papéis servis mesmo gozando de liberdade (Heringer, 2002).

> Efetivamente, o racismo, que nasce no Brasil associado à escravidão, consolida-se após a abolição, com base nas teses de inferioridade biológica dos negros, e difunde-se no país como matriz para a interpretação do desenvolvimento nacional. As interpretações racistas, largamente adotadas pela sociedade nacional, vigoraram até os anos 30 do século XX e estiveram presentes na base da formulação de políticas públicas que contribuíram efetivamente para o aprofundamento das desigualdades no país. (Theodoro, 2008, p. 24)

Ainda que o pensamento eugenista tenha tido seu ápice até a década de 1930, ele continuou a se fazer presente na mentalidade da elite governista. Araújo (2000) lembra que, pelo

Decreto-Lei n. 7.967, de 18 de junho de 1946, a imigração de africanos e asiáticos seria controlada com vistas a preservar e desenvolver o Brasil sob a composição de sua ascendência europeia.

Ao observarmos que 130 anos após a abolição a desigualdade ainda apresenta aspectos raciais, fica mais claro que as restrições que impedem a igualdade não acontecem às vistas da formalidade. No Brasil, a desigualdade racial se consolidou sob a negação da herança colonial que instituiu o racismo em nossa sociedade. No século XXI, negar a existência das segregações raciais no Brasil significa ignorar a vasta literatura existente e as pesquisas que demonstram que a desigualdade tem cor. Observe alguns dados de uma pesquisa divulgada pelo Instituto Brasileiro de Geografia e Estatística (IBGE) em novembro de 2017, quando os negros e pardos representavam 54,9%: a taxa de desocupação entre negros e pardos foi de 14%, valor superior em relação aos 9,9% entre a população branca; o rendimento médio dos trabalhadores negros e pardos foi de R$ 1.531,00, ou seja, quase a metade da média dos trabalhadores brancos, que foi de R$ 2.757,00; por fim, apenas 33% dos empregadores eram negros ou pardos, apesar de representarem mais da metade da população (IBGE, 2017).

Tais dados representam as consequências históricas de uma sociedade que se estruturou com base na escravidão. A abolição formalizou a liberdade, mas não suprimiu a tradição discriminatória (Jaccoud, 2008). Como pontuou Fernandes (1978, p. 35): "a sociedade brasileira largou o negro ao seu próprio destino, deitando sobre seus ombros a responsabilidade de se reeducar e de se transformar para corresponder aos novos padrões e ideais do regime republicano e do capitalismo".

As vistas grossas à desigualdade racial, bem como sua negação – sustentada pelo argumento de que a competitividade do mercado de trabalho seleciona os melhores –, reflete a reprodução de um discurso secular que coloca todo o peso da história sobre os ombros individuais de cada descendente da desigualdade estrutural construída historicamente.

> Sabemos que, corriqueiramente, ocorrem debates acirrados em relação às razões da desigualdade, pois se trata de um problema secular no Brasil. Tomemos um posicionamento como exemplo: *Eu conheço uma pessoa que era muito pobre, mas, por mérito e força de vontade, hoje é milionária e bem-sucedida! No Brasil, permanecer ou sair da pobreza nada tem a ver com restrições raciais, mas, sim, com força de vontade e trabalho duro.*
>
> É muito bom saber que algumas pessoas conseguem romper com enormes barreiras e têm ascensão na pirâmide social. Mas talvez essa ascensão não tenha relação unicamente com o esforço e trabalho duro, afinal, diariamente, milhões de brasileiros trabalham muito e nem sempre conseguem ver essa relação direta. Esse tipo de argumento é falacioso, ou seja, quando um caso não representativo é generalizado arbitrariamente como se fosse o padrão da população. Entretanto, é necessário evitar alguns erros de generalização, como a *falácia ecológica*, um termo metodológico para se referir a um erro de generalização na pesquisa científica.
>
> Quando alguns casos são generalizados na tentativa de provar que é possível, pela força de vontade, romper com quaisquer barreiras estruturais construídas historicamente,

automaticamente se está sustentando que as pessoas que permanecem na miséria escolhem tal condição por não trabalharem duro o suficiente. Mais do que isso, imputa-se a culpa histórica àquele que, no século XXI, não tem a oportunidade de escolher entre estudar ou trabalhar (senão apenas a segunda). Esse indivíduo, por consequência, estará em desvantagem no mercado de trabalho, por não ter tido formação equivalente à das pessoas cujas famílias proporcionaram a possibilidade de escolher uma profissão e, assim, puderam se dedicar à formação até a progressiva maturidade profissional e independência financeira.

> A menor dedicação do jovem negro trabalhador aos estudos pode estar associada à persistência de condições de trabalho mais precárias em relação ao jovem trabalhador não negro. Além disso, contribuem possivelmente fatores como o seu maior comprometimento com a sobrevivência familiar, inclusive para a realização de afazeres domésticos frente às dificuldades de pagar para esses serviços. (Dieese, 1999, p. 32)

Portanto, para analisar a pobreza estrutural e a sua relação com a segregação racial, é preciso cruzar informações históricas, sob o risco reproduzir o mito da democracia racial em uma sociedade com severo grau de desigualdade e supressão do acesso igualitário a oportunidades educacionais e profissionais.

4.3
A segregação racial estrutural

O racismo não foi um fenômeno unicamente brasileiro. Em nações como os Estados Unidos da América e a África do Sul, a discriminação em função da raça foi explícita, regulamentada por lei e induziu à violência contra os negros. Nos Estados Unidos, durante a década de 1920, o princípio racista *one drop rule* inspirou leis racistas, como a proibição do casamento entre brancos e pessoas com hereditariedade negra em alguns estados americanos. Esse princípio sustentava que uma gota de sangue, ou seja, qualquer grau de hereditariedade negra bastaria para justificar a segregação social. Por lá, os negros eram proibidos de frequentar alguns estabelecimentos, e nesse sentido o racismo era institucionalizado inclusive por leis (Bourdieu; Wacquant, 2002). Na África do Sul, o *apartheid* foi um regime de segregação racial que vigorou entre 1948 e 1991. Naquele contexto, apenas os brancos gozavam de direitos políticos, além de haver severas restrições socais aos negros, mestiços e indianos (Ribeiro, 2002).

No Brasil, o mito da democracia racial, vigente a partir da década de 1930, induziu à ideia de que por aqui não havia racismo. As discriminações raciais foram negadas por décadas, apesar dos esforços de sociólogos como Florestán Fernandes, Fernando Henrique Cardoso e Darcy Ribeiro em abordar a hipocrisia desse conceito em uma sociedade que havia herdado a mentalidade escravista e prestigiava os brancos em detrimento dos negros, índios e mestiços. Durante a ditadura militar, as questões raciais foram suprimidas, tendo em vista que muitos dos intelectuais mais influentes estavam no exílio, e o Brasil enfrentava severa censura acadêmica e midiática. Aliás, a questão da desigualdade racial foi negada até o final dos anos de 1980, fim do governo militar, pois até então ainda predominava o discurso institucional de que havia, em território nacional, uma democracia racial e convivência harmoniosa entre as etnias. O problema é que a concretude do cotidiano dos segregados por conta da cor da pele denuncia as contradições daquele discurso.

No início do século XX, até mesmo as políticas públicas brasileiras manifestavam a ideologia eugenista, conduzindo ações que dificultavam ainda mais a emancipação econômica-social do não branco, ainda que este gozasse de liberdade formal (Theodoro, 2008). Por se tratar de um produto histórico, as barreiras que impedem a igualdade racial são estruturais. Apesar de se tornar mais visível e causar perplexidade quando mensurada em números objetivos de pesquisas oficiais, a desigualdade tem origem na vida cotidiana da realidade social, mesmo quando o agente do preconceito não se dá conta de sua atitude.

No estudo conduzido por Almeida (2016) durante o ano de 2014, o autor constatou que 93% dos entrevistados julgaram existir racismo no Brasil, entretanto, 91% afirmaram não se considerarem racistas. Para Brandão e Marins (2007), a negação do racismo se dá pela projeção no outro ou por uma ideia abstrata de sociedade racista da qual o indivíduo se exclui. Porém, dada a expressiva percepção da existência de racismo e a proporcional negação do reconhecimento de atitudes racistas individuais, é possível interpretar que as pessoas podem não reconhecer as atitudes preconceituosas em si mesmas, apenas nos outros. O não reconhecimento da existência de um problema impede a elaboração de uma avaliação ou solução. Nesse sentido, ao não reconhecerem atitudes racistas em si e apontá-las apenas nos outros, tais pessoas inibem a capacidade individual de autocrítica e de avaliação das próprias atitudes na vida cotidiana.

Para Heringer (2002), os aspectos restritivos da população negra se manifestam em situações como acesso à infraestrutura urbana, o que, por consequência, impacta na saúde, principalmente, das crianças. Também, tais restrições se aplicam à educação, materializadas nos índices educacionais que mostram que a população negra possui, em média, dois anos a menos de escolarização em relação à população branca – sem considerar anos de reprovações. O fato é que, com menor tempo de escolarização, a população negra segue com menores chances de competir com igualdade no mercado de trabalho.

Esse ciclo parece se reproduzir e as restrições se impõem de geração a geração, com relativas alterações, sem que isso represente a reversão de um quadro histórico. Ainda que tenha havido um aumento das vagas escolares, bem como do tempo de escolarização, a diferença entre negros e brancos permanece estável, indicando que existem outros aspectos estruturais que impedem a igualdade desses índices (Heringer, 2002). No ano de 1998, na Região Metropolitana de São Paulo, entre as pessoas que tinham o ensino médio completo, 21,1% eram brancas e 14,1 % eram negras; entre aqueles que tinham o ensino superior completo, 24,5% eram brancos, e apenas 5,3% eram negros (Heringer, 2002). As dificuldades enfrentadas pela população negra se refletem no tempo que conseguem dispor para a escolarização (Dieese, 1999). Desse modo, partindo de condições econômicas distintas, o grau de dificuldade para atingir o mesmo nível de escolarização é, consequentemente, maior. Entretanto, ainda que com o mesmo grau de instrução, a população negra continua prejudicada.

De acordo com o Ministério do Trabalho e Emprego (Brasil, 2014), entre os escolarizados, prevalece uma diferença da remuneração média entre brancos e negros. Entre as pessoas que cursaram até o 5º ano do ensino fundamental, os brancos têm uma remuneração 10% maior que a dos negros. A mesma diferença de 10% se observa entre indivíduos que cursaram o ensino médio completo. Já entre aqueles que possuem ensino superior completo, os brancos ganham 32% a mais do que os negros.

Sob o mito da democracia racial, o tema do racismo no Brasil foi evitado até a década de 1980 (Theodoro, 2008), quando, após a redemocratização, sob a influência do legado teórico de Florestán Fernandes, Fernando Henrique Cardoso e Darcy Ribeiro, foi retomado o debate sobre a desigualdade estrutural criada pelo processo histórico de segregação racial no Brasil desde a colonização.

O enfrentamento do racismo depende do reconhecimento de sua dimensão material e estrutural. Dessa maneira, é possível superar a visão de que o racismo afeta um outro – anônimo – ou de que ele existe numa tal sociedade – abstrata. Por meio das relações concretas da vida cotidiana, protagonizada por pessoas reais, a autorreflexão pode gerar atitudes positivas para a mudança do quadro da desigualdade racial materializada nos dados do IBGE que expusemos neste item.

4.4
As representações discriminatórias das relações sociais na literatura e na mídia

A segregação do negro, do índio e da mestiçagem no Brasil se materializou nos registros literários e midiáticos ao longo da história. Cabe ressaltar que os autores dessas obras, em geral, refletiam o pensamento vigente de seus respectivos contextos: em alguns casos, para provocar choques de realidade; em outros, como uma postura afirmativa do *status quo*. A seguir, você encontrará alguns exemplos de representações discriminatórias presentes na literatura e nas grandes mídias, com o objetivo de evidenciar como essas esferas da arte se posicionaram em relação ao racismo e às suas consequências na sociedade brasileira

Monteiro Lobato foi um autor clássico da literatura infanto-juvenil brasileira. Entusiasta do pensamento eugenista, seus personagens carregam consigo as características inferiorizantes atribuídas aos negros e mestiços. Para Moraes (1997), os contos de Lobato e a articulação de seus personagens remetem à visão de mundo vigente na elite de sua época, à qual ele também pertencia.

Os excertos apresentados a seguir não têm o objetivo de taxar esse autor como racista, pois esse é um amplo debate na crítica literária que não será aqui abordado em profundidade. Os elementos que apresentaremos têm a intenção de analisar alguns fragmentos da mentalidade social da época em que foram escritos. Ilustrar o contexto perverso enfrentado por negros, índios e mestiços, materializado em obras como a de Lobato, serve-nos principalmente para reconhecer, no passado, as origens do preconceito que ainda se manifestam no presente.

No conto "Velha praga", Lobato (1994, p. 161, grifo nosso) se demonstra inconformado com a degradação ambiental promovida pelos caboclos (mestiços) e lhes descreve com arrogância:

> Este funesto parasita da terra é o **caboclo**, espécie de homem baldio, seminômade, inadaptável à civilização, mas que vive à beira dela na penumbra das zonas fronteiriças. À medida que o progresso vem chegando com a via férrea, o italiano, o arado, a valorização da propriedade, ele vai refugindo em silêncio, com o seu cachorro, o seu pilão, a pica-pau e o isqueiro, de modo a sempre conservar-se fronteiriço, mudo e sorna. Encostado numa rotina de pedra, recua para não adaptar-se.

O caboclo, então, foi tratado como um ser inapto à civilidade europeia e indesejado pelos eugenistas brasileiros em meados da década de 1920. Já no conto "Urupês", cujo nome remete a um tipo de fungo que se prolifera entre troncos podres, o caboclo foi considerado um ser individualista, que não se envolvia nos episódios nacionalistas, cuja alegria era votar sem nem ao menos saber em quem. Lobato (1994, p. 176) finaliza a história da seguinte forma:

> No meio da natureza brasílica, tão rica de formas e cores, onde os ipês floridos derramam feitiços no ambiente e a infilhescência dos cedros, às primeiras chuvas de setembro, abre a dança dos tangarás; onde há abelhas de sol, esmeraldas vivas, cigarras, sabiás, luz, cor, perfume, vida dionisíaca em escachoo permanente, o caboclo é o sombrio urupê de pau podre a modorrar silencioso no recesso das grotas.

Nos contos infanto-juvenis que se passam no *Sítio do pica-pau amarelo*, encontramos o Jeca-tatu, o caboclo estereotipado (como nos contos "Velha praga" e "Urupês"). Na obra *Caçadas de Pedrinho*, Tia Nástácia, a empregada negra e servil de Dona Benta, foi descrita com notável pejoração (Feres Junior; Nascimento; Eisenberg, 2013):

> Pedrinho pediu à boneca que repetisse a sua conversa com os besouros espiões. Emília repetia, terminando assim:
>
> — É guerra e das boas. Não vai escapar ninguém — nem Tia Nastácia, que tem carne preta. As onças estão preparando as goelas para devorar todos os bípedes do sítio, exceto os de pena. (Lobato, 2016)
>
> Trepe no mastro! — gritou-lhe a Cléu. Sim, era o único jeito — e Tia Nastácia, esquecida dos seus numerosos reumatismos, trepou que nem uma macaca de carvão pelo mastro de São Pedro acima, com tal agilidade que parecia nunca ter feito outra coisa na vida senão trepar em mastros. (Lobato, 2016)[2]

As obras de Lobato continuam sendo uma importante referência na história da literatura brasileira. No entanto, por meio delas podemos apreender elementos discriminatórios naturalizados por aquela sociedade pela qual o autor se constituía e para a qual ele escrevia.

Décadas mais tarde, quando a sociologia brasileira debatia criticamente a questão racial, foram publicadas obras literárias que se manifestaram também criticamente em relação ao racismo institucional. Nesse sentido, Proença Filho (2004) aborda o teor provocativo da obra *O auto da compadecida*,

---

[2] A versão da obra *Caçadas de Pedrinho* consultada para a elaboração deste texto se trata de um *e-book* e não possui paginação.

de Ariano Suassuna (1990). Na obra, João Grilo, homem simples do sertão, espanta-se ao saber que o homem negro ali presente no juízo final era Jesus:

> JOÃO GRILO: Jesus?
> MANUEL: Sim.
> JOÃO GRILO: Mas, espere, o senhor é que é Jesus?
> MANUEL: Sou.
> JOÃO GRILO: Aquele Jesus a quem chamavam Cristo?
> JESUS: A quem chamavam, não, que era Cristo. Sou, por quê?
> JOÃO GRILO: Porque... não é lhe faltando com o respeito não, mas eu pensava que o senhor era muito menos queimado.
> [...]
> Jesus: [...] você é cheio de preconceitos de raça. Vim hoje assim de propósito, porque sabia que isso ia despertar comentários. Que vergonha! Eu Jesus, nasci branco e quis nascer judeu, como podia ter nascido preto. Para mim, tanto faz um branco como um preto. Você pensa que eu sou americano para ter preconceito de raça? (Suassuna, 1990, p. 147-148)

A reação impulsiva de João Grilo revela um preconceito que escapa à sua razão e se manifesta com naturalidade, sem que o personagem se dê conta de que aquilo tudo pesaria contra si. Nesse sentido, o uso de um personagem preconceituoso revela a crítica social de Ariano Suassuna, num contexto em que o racismo ainda era negado na sociedade da década de 1950. Essa obra teatral se tornou um filme dirigido por Guel Arraes nos anos de 2000.

A representação das raças nas obras midiáticas é também bastante analítica do ponto de vista sociológico e histórico: os papéis tradicionalmente ocupados por brancos, negros e índios, as relações entre as raças, ora denunciadora, ora negligente... Tudo isso demonstra como a comunicação midiatizada é capaz de revelar elementos da mentalidade de uma sociedade em determinado contexto sócio-histórico.

Ao final do século XIX, a miscigenação havia se tornado um notável atrativo para o curioso viajante europeu. A mistura de raças representava o exótico, mais interessante que a fauna ou a flora (Schwarcz, 1994). Já no século XXI, anualmente, durante pelo menos cinco dias, a mídia exibe, por dezenas de horas, os desfiles carnavalescos como um espetáculo da pluralidade racial e uma ode à identidade mestiça do brasileiro. Novamente, a mestiçagem se apresenta para o estrangeiro como uma atração, simbolicamente cultuada no período do carnaval. Entretanto, durante todo o resto do ano, propagandas e telenovelas exibem a predominância da branquitude que sobrepõe o espetáculo racial carnavalesco (Araújo, 2000).

Cientes de que a desigualdade social decorre principalmente de discriminações raciais historicamente construídas, os comerciais exibem um conceito estético baseado no ser branco, pois nele está o maior poder aquisitivo. Para Araújo (2000, p. 39), "o empresário brasileiro, em sua grande maioria, não acredita que o negro seja uma força econômica. Na lógica dessa maioria, preto é igual a pobre, que é igual a consumo de subsistência". O autor ainda lembra que, em 1993, Roberto Pompeu de Toledo escreveu um artigo demonstrando seu estranhamento em relação à predominância de loiras nos comerciais de TV brasileiros. Esse artigo provocou uma resposta de uma brasileira que morava na Dinamarca: nos comerciais de TV dinamarqueses, havia mais negros e mulatos do que nos comerciais brasileiro (Araújo, 2000).

Os afro-brasileiros naturalizaram a prevalência do estereótipo estético europeu na mídia, a exemplo das telenovelas, de programas de entretenimento e de comerciais. Não percamos de vista que os negros e pardos representam mais da metade da população, mas essa proporção não é representada pela mídia. Aliás, os papéis que envolvem profissões de menor prestígio são representados mais por negros e pardos do que por brancos (Araújo, 2000). Essa naturalização reflete o imaginário colonizado da audiência, cujas referências de belo e estético provêm, majoritariamente, dos traços europeus.

Analisemos, por exemplo, o perfil dos apresentadores de programas de entretenimento: quais apresentadores(as) de programas de entretenimento você tem como referência? Qual é a proporção de negros, índios ou pardos entre essas pessoas? Não é necessário citar nomes para evidenciar que a prevalência de brancos é díspare em relação à proporção de negros, índios e mestiços em nossa sociedade.

Araújo (2000) apresenta uma análise crítica sobre a representação do negro nas telenovelas brasileiras. Dentre elas, está *A cabana do Pai Tomás*, uma adaptação brasileira de um romance norte-americano escrito por Harriet Beecher Stowe, intitulado *Uncle Tom's Cabin*, que tratava do tema da escravidão estadunidense. A novela foi exibida entre 1969 e 1970, e o personagem principal, Pai Tomás, foi interpretado por um branco pintado de preto, o ator Sérgio Cardoso. Segundo Araújo (2000), o ator, que também escreveu parte da novela, confessou o constrangimento que a situação representou para sua carreira, pois ele teria sido obrigado, por pressão da agência e subsidiárias da produção, a atuar naquele papel, em vez de este ter sido representado por um ator negro.

Araújo (2000) menciona que, devido às condições restritivas impostas pela ditadura aos movimentos sociais, os negros brasileiros não tinham articulação para se manifestar contra situações como essa.

Segundo o autor, tal situação representou, simbolicamente, o escárnio da mentalidade dos grupos que dominavam as produções artísticas da TV naquele contexto sócio-histórico. Nesse sentido, a promoção de um estereótipo por meio da representação do negro servil, resignado, ou seja, com um perfil desejado, ocorreu em detrimento do negro militante e questionador ou do mestiço caricato, como o caboclo caracterizado por Monteiro Lobato como preguiçoso e doentio; além disso, a imposição para que o papel do negro fosse interpretado por um branco denotou a descrença na capacidade artística do negro vigente na época (Araújo, 2000).

Ao analisar a representação do negro ao longo da história das telenovelas no Brasil, Araújo (2000) aponta que, nos anos de 1960, as novelas da TV Globo e da TV Tupi comumente retratavam o negro exercendo papéis servis e subalternos. Já na década de 1970, as telenovelas eram produzidas num período de crescimento econômico do país, razão por que passaram a apresentar personagens negros em busca de ascensão econômica, muitas vezes por meio da dialogia entre os contextos urbano e rural, bem como dos conflitos econômico-sociais da vida cotidiana dos brasileiros. Além disso, a consciência racial começou a ser estimulada pelo gênero da comédia. Entretanto, apesar dos avanços em relação à não estereotipação e à consciência racial, Araújo (2000, p. 138) afirma que houve prevalência de negros em papéis subalternos ou como coadjuvantes dos protagonistas:

> Embora alguns autores contratados pela Globo nos anos 70 tenham criado alguns personagens para atores e atrizes negras, desenvolvidos de forma não estereotipada, mesmo que representando pessoas das classes subalternas, todos os autores negros que integraram o elenco das novelas que buscaram ser fiéis à realidade do Brasil rural e urbano do século XX, interpretaram os estereótipos clássicos sobre o negro [...].

A telenovela de maior repercussão que abordou o tema da abolição dos escravos, *A escrava Isaura*, foi protagonizada por uma atriz branca. Em grande parte das produções, prevalecia a narrativa de que a abolição foi um feito unilateral dos brancos, e somente no fim da década de 1970 a libertação dos personagens negros passou a ser representada demonstrando o papel ativo dos povos negros em busca de sua própria liberdade (Araújo, 2000).

Lentamente, o protagonismo negro nas telenovelas seguiu nos anos de 1980, ainda que, algumas vezes, os personagens negros de sucesso ou da classe média fossem representados com total dissociação da cultura afro, podendo ser facilmente substituídos por atores brancos sem que houvesse prejuízo ao enredo (Araújo, 2000). A partir da década de 1990, as tramas sobre a discriminação racial passaram a ser mais frequentes, sem, entretanto, que os elencos das produções representassem, em termos quantitativos ou qualitativos, a real proporção negra da população brasileira (Araújo, 2000).

Síntese

Neste capítulo, vimos que as manifestações racistas marcaram a história moderna num período de avanço da ciência. A crença de que a razão técnica conduziria a humanidade para um patamar evolutivo melhor também no âmbito social acabou se revelando duvidosa ante os episódios trágicos envolvendo o racismo em pleno século XX.

A violenta segregação racial nos Estados Unidos e na África do Sul, o antissemitismo nazista exposto na Segunda Guerra Mundial e a morte de milhões de pessoas pelo argumento de superioridade do agressor nos levam a refletir criticamente sobre os descaminhos da suposta evolução da sociedade. Nesse sentido, teriam os avanços técnicos da ciência a condição de possibilitar uma melhor convivência social ou, pelo contrário, potencializado uma capacidade de destruição em função de argumentos discriminatórios legitimados pela ciência em determinados episódios?

No Brasil, o racismo teve origens na economia escravista, que sustentou uma elite social de descendência europeia e que, no contexto pós-abolição, continuou a buscar vias para garantir a supremacia racial, inclusive sob argumentos científicos. Sob essa ótica, manifestações racistas podem ser percebidas nos registros literários e nas grandes mídias, meios em que a referência estética é predominantemente ariana e os personagens negros não representam a proporcionalidade de sua participação na sociedade brasileira.

As consequências contemporâneas do processo histórico de segregação racial em nosso país se revelam no perfil das populações mais pobres, majoritariamente de descendência negra, que buscam superar as contradições dos discursos de igualdade e melhorar a condição econômica enfrentando, diariamente, as barreiras educacionais e discriminações no mercado de trabalho.

Bauman (1998) afirma que é um erro considerar que episódios como o do Holocausto foram isolados na história. Contudo, o autor sublinha que eles podem ser considerados como produtos do processo civilizatório:

> A essência e a tendência histórica da modernidade, a lógica do processo civilizador, as perspectivas da e as barreiras à progressiva racionalização da vida social são muitas vezes discutidas como se o Holocausto não tivesse acontecido, como se não fosse verdade e mesmo não merecesse séria consideração o fato de que o Holocausto "dá testemunho do avanço da civilização" ou que "a civilização hoje inclui os campos de extermínio e *Muselmänner* entre os seus produtos materiais e espirituais". (Bauman, 1998, p. 204)

Considere o trecho do pronunciamento de Navi Pillay, Alta Comissária das Nações Unidas para os Direitos Humanos, realizado em 2009 e divulgado pelo Centro Regional de Informação das Nações Unidas (Pillay, 2009):

> Apesar de décadas de mobilização, dos esforços de muitos grupos e muitas nações e das inúmeras provas das terríveis consequências do racismo, a verdade é que o racismo persiste. Nenhuma sociedade, grande ou pequena, rica ou pobre, lhe é imune. A conferência de Genebra era uma oportunidade de os países se encontrarem e chegarem a um acordo sobre um documento comum que consagrasse uma aspiração comum: a de se rejeitar o racismo, em todas as suas manifestações, e trabalhar para o eliminar.

Tanto Zygmunt Bauman quanto Navi Pillay alertam para o risco latente que o racismo representa para as sociedades. Atualmente, episódios de xenofobia são notados no Brasil e no mundo, dos mais velados aos mais violentos. No Brasil, a polarização política parece ter fomentado segregações regionais. Na Europa, os refugiados das guerras do Oriente Médio, em especial dos conflitos da Síria, também encontram dificuldade em encontrar refúgio em outros países, que argumentam sobre a impossibilidade de acolhê-los em função dos respectivos interesses nacionais. Esses dilemas políticos, econômicos e demográficos parecem contribuir para episódios de segregação étnica.

Teria sido o Holocausto um episódio trágico e isolado na história moderna ou uma das consequências de formas de racismo ainda latentes em nossa sociedade global?

Perguntas & respostas

Como o racismo velado se manifesta nas relações sociais?

O racismo velado é a forma de discriminação não explícita. Nas relações sociais, essa forma de segregação é percebida quando existe desfavorecimento em função da cor da pele, justificado sob outros argumentos que se apresentam contraditórios.

Podemos associar esse comportamento a situações em que pesam fatores subjetivos, como em seleções de candidatos para empregos, em que os quadros de funcionários são majoritariamente formados por pessoas caucasianas, a despeito de na maioria das regiões do país a maior parte da população ser negra ou mestiça.

Embora fique evidente, em alguns casos, que se trata de segregação em função da cor da pele, uma herança negativa do Brasil Colônia, essas situações podem ser facilmente desvirtuadas como sendo apenas coincidência ou seleção por critério de melhor capacitação – escarnando que, num país onde a maioria da população é descendente de negros, se a proporção de brancos com nível de formação escolar é maior, isso é sinal de que existem barreiras estruturais que impedem os negros de terem acesso à qualificação.

De que forma o racismo se faz presente nos meios de comunicação?

Entre as formas de discriminação racial presentes nos meios de comunicação de massa estão as representações estereotipadas de determinados grupos sociais. Por muito tempo, as telenovelas delegavam papéis de empregados aos negros e mestiços, enquanto os personagens principais, os heróis ou aqueles que recebiam maior destaque nos enredos eram próximos do perfil de uma pessoa europeia. Apesar dos avanços na promoção de papéis destinados aos não brancos, os padrões estéticos hegemônicos nas mídias ainda remetem ao fenótipo caucasiano.

O que são políticas afirmativas de combate à desigualdade racial?

São políticas públicas destinadas a compensar a desigualdade social, permitindo que pessoas estruturalmente excluídas da sociedade tenham acesso a serviços públicos e ao exercício da cidadania. Entre essas ações, destacam-se as cotas sociais e raciais no acesso à educação e no preenchimento de vagas do serviço público. As políticas de cotas têm o objetivo de equiparar o acesso entre os grupos dominantes da sociedade e aqueles que historicamente serviram a essas classes sem gozar dos mesmos direitos do exercício à cidadania.

A elite brasileira é majoritariamente descendente dos povos europeus que colonizaram o Brasil, os quais receberam terras como incentivo ao branqueamento do país e utilizaram mão de obra escrava em suas propriedades. Já a parcela mais pobre da população descende de escravos, indígenas e povos tradicionais que nunca gozaram dos mesmos privilégios econômicos e educacionais que a elite.

Nesse sentido, as políticas de cotas raciais e sociais buscam, como efeito paliativo, compensar a desigualdade ao acesso à educação e a oportunidades de trabalho, até que no longo prazo a desigualdade estrutural seja revertida.

Questões para revisão

1) Quais são as relações possíveis entre a escravidão do Brasil colonial e a desigualdade racial contemporânea?
2) De que forma o mito da democracia racial se manifesta em nossos dias?
3) Marque a alternativa correta:
    a) Eugenia era uma ideologia que valorizava a diversidade cultural latina.
    b) As políticas públicas do Brasil no início do século XX desejavam o branqueamento dos povos brasileiros por meio da miscigenação, como forma de valorização dos povos afro e indígenas.
    c) A obra *Casa-grande e senzala*, de Gilberto Freyre, valoriza a participação do negro no cotidiano do patriarcado brasileiro, em um contexto em que os negros sofriam discriminações raciais.

d) A democracia racial se consolidou no Brasil na década de 1930, e desde então foram suprimidas as posições e opiniões que sustentavam o racismo.

4) Marque a alternativa **incorreta**:
   a) Entre os países da América, o Brasil foi o último a abolir o racismo.
   b) O racismo norte-americano foi mais explícito que o brasileiro.
   c) "Uma gota de sangue" foi uma campanha afirmativa da miscigenação no Brasil.
   d) O *apartheid* foi um regime de segregação racial sul-africano.

5) Marque a alternativa correta:
   a) A representação do negro nas telenovelas brasileiras sempre retratou criticamente a segregação racial em nosso país.
   b) Diferentemente das tendências mundiais, o Brasil possui a tendência de equalizar as desigualdades econômicas considerando os grupos raciais.
   c) As obras de Monteiro Lobato representam um marco histórico na literatura, por apresentarem a realidade do caboclo brasileiro de forma a revelar a segregação racial.
   d) Ariano Suassuna, com a crítica social por meio da arte, condenou o racismo e ajudou a despertar as pessoas para suas manifestações racistas não conscientes.

5
Sociologia e comunicação

Conteúdos do capítulo:

- A crise da razão iluminista na modernidade.
- O nascimento da Teoria Crítica da sociedade.
- As consequências da virada linguística no pensamento social.
- O papel da comunicação nas relações sociais do mundo da vida.

Mediante a compreensão de que a realidade social é fundada pelo compartilhamento de significados viabilizado pela comunicação nas relações sociais, a sociologia potencializou sua capacidade de compreender os fenômenos da sociedade moderna. O elo entre pensamento sociológico e comunicação aqui apresentado será Jürgen Habermas, filósofo alemão ligado à Escola de Frankfurt, instituto que, na década de 1930, fundou um projeto para a construção metodológica de uma sociologia crítica, capaz de interpretar e vislumbrar saídas para os problemas estruturais da sociedade moderna.

A primazia da razão ou a tomada do pensamento como uma essência autônoma do ser foi radicalmente questionada por Nietzsche e Freud desde o final do século XIX. Na metade do século XX, os questionamentos desses e de outros filósofos críticos da razão fomentaram a formação de um movimento filosófico que culminou no que ficou conhecido como *virada linguística da filosofia*. Essa nova forma de pensar produziu marcas indeléveis também na forma com que a sociologia passou a compreender os fenômenos da realidade. A partir desse movimento, a linguagem deixou de ser um mero acessório condutor do pensamento e assumiu um caráter fundador da realidade social, fazendo do mundo não algo externo e descrito por nós, mas, sim, essencialmente criado pela nossa habilidade de compartilhar significados via comunicação nas relações sociais de nosso contexto histórico-cultural.

Jürgen Habermas se inseriu nesse movimento filosófico e desenvolveu a teoria do agir comunicativo, por meio da qual questiona alguns elementos das teorias da sociologia clássica, avançando na construção da Teoria Crítica da sociedade sob o paradigma da linguagem ou, melhor dizendo, da comunicação nas relações sociais do mundo da vida. Para compreender a sociedade sob o ponto de vista da ação comunicativa, Habermas (2012) diferencia dimensões do mundo da vida e mundo sistêmico. Com isso, argumenta que o mundo da vida, a esfera social em que interagimos sem interesse em tirar proveito do outro, foi deformado pelo poder e pelo dinheiro, dimensões do mundo sistêmico onde prevalece a razão instrumental.

5.1
A crise da razão na modernidade

O positivismo científico, berço da sociologia, apregoou que, por meio do saber positivo ou científico, a humanidade seria conduzida para o mais alto grau de progresso. Comte (1978) estava convencido de que os conflitos sociais que resultavam em episódios de violência e revoluções eram produto da imaturidade dos saberes pré-científicos teológico e metafísico, os quais conflitavam entre si. Somente pela filosofia positiva e pela sistematização da produção de conhecimento em torno de uma única doutrina filosófica, o positivismo, seria possível triunfar nesse embate de conhecimentos.

Muitos pensadores empreenderam críticas a esse modo de se obter verdades científicas. Nietzsche, Marx e Freud, por exemplo, alertaram que a consciência por si não garantiria a apreensão do que é real e do que não é real em relação ao mundo, ou seja, a consciência e a razão não permitiriam chegar à verdade absoluta sobre as coisas do mundo. Após esses autores, somos provocados a pensar que a consciência sobre a realidade objetiva pode ser um produto dos instintos, do inconsciente e da dominação social: em Nietzsche, ela pode ser o fruto de uma incontrolável vontade de potência ou poder; em Freud, um subproduto de algo que não temos controle, as pulsões do inconsciente; e em Marx, a consciência pode ser falseada pela ideologia, ou seja, as massas alienadas poderiam estar dominadas por aparências que mascaravam as reais condições que estruturavam a sociedade.

Em linhas gerais, na virada do século XX, a filosofia forneceu importantes elementos críticos à sociologia, fazendo-nos questionar se a razão seria uma faculdade humana naturalmente capaz de conduzir a sociedade a patamares ideais de progresso; ou, ainda, se o método científico criado pela razão seria capaz de levar à produção de conhecimento sociológico com total neutralidade, como presumido por Comte e Durkheim.

A humanidade trilha um caminho de progresso em um mundo dominado pelos interesses políticos e econômicos? Não podemos encontrar uma resposta definitiva a essa pergunta. Mas os acontecimentos do século XX relativizaram a ideia de que o método científico é neutro e conduz a uma verdade absoluta, ou que o mundo social está em constante evolução rumo ao progresso. A mesma razão técnica que impulsionou a produtividade e promoveu saltos exponenciais de desenvolvimento tecnológico também submeteu a humanidade às suas próprias criações, instrumentalizando a vida sob as regras do mercado, à burocracia (Habermas, 2012) e à necessidade de crescimento econômico (Lara; Oliveira, 2018).

Os acordos de convivência social se tornaram condicionados ao progresso produtivo, tomando como inexoráveis alguns efeitos colaterais, como a desigualdade estrutural, a instrumentalização da vida em função da lógica econômica e a consequente supressão de elementos do mundo da vida que não estejam relacionados à lógica econômica ou política (Habermas, 2012).

Sob uma relação promíscua com a economia, os conflitos internacionais impulsionaram o desenvolvimento de tecnologias da indústria bélica. A capacidade de destruição avançou a passos largos, sendo que a demonstração de força mais marcante ainda é a detonação das bombas atômicas na Segunda Guerra Mundial que destruíram as cidades de Hiroshima e Nagasaki em 6 de agosto de 1945 (Figura 5.1). Tal episódio não impediu que armas de destruição em massa ainda mais potentes fossem construídas, e desde a Guerra Fria a paz mundial está ciclicamente ameaçada pela utilização desse poderio bélico em conflitos internacionais latentes.

Figura 5.1 Explosão nuclear sobre a cidade de Hiroshima no Japão

Everett Historical/Shutterstock

A mesma racionalidade da técnica burocrática que potencializou a produtividade e o controle dos processos nas organizações de mercado serviu para a criação de verdadeiras máquinas de matar, como os campos de concentração na década de 1940 (Bauman, 1998), o crime organizado por todo o mundo e as complexas redes terroristas do século XXI. Aquela razão libertadora sonhada pelos iluministas, que seria o instrumento da construção de uma sociedade mais justa e igualitária, parece ter tomado descaminhos servindo a interesses que não necessariamente conduzem ao progresso social em sentido amplo.

Seria esse o fracasso do projeto da modernidade? Para Adorno e Horkheimer (1985), sim! Horkheimer é um filósofo alemão que, na década de 1920, foi membro fundador do Instituto de Pesquisa Social de Frankfurt. Na década de 1930, passou a dirigir o instituto, defendendo que a sociologia necessitava se desvincular metodologicamente das ciências naturais. Para ele e seus colegas, embora o conhecimento moderno até então tivesse potencializado o desenvolvimento das técnicas produtivas, ele foi incapaz de promover uma sociedade mais justa e igualitária.

Vivenciando os horrores das guerras mundiais, Horkheimer dedicou sua vida ao projeto de uma teoria social capaz de gerar mudança social por meio de uma postura crítica dos sujeitos, o que os levaria à tomada de consciência das contradições sobre o que as camadas dominantes dizem que a sociedade é, mas que não se demonstra na vida cotidiana. A intenção desse intelectual era fomentar uma teoria social capaz de aproveitar o que há de melhor no mundo, mas que não é acessível para todos em função das relações de dominação.

Horkheimer partiu de uma crítica aos estados totalitários que se formaram na Europa na década de 1920, os quais culminaram na dominação nazista na Alemanha, no comunismo soviético e no fascismo italiano – estados totalitários que mataram em nome da vida, prenderam em nome da liberdade e segregaram em nome da igualdade. A Figura 5.2 apresenta a imponência do exército nazista que, durante o período da Segunda Guerra Mundial, operacionalizou milhões de mortes nos campos de concentração.

Figura 5.2 Exército nazista, em 1938

Everett Historical/Shutterstock

Os teóricos do Instituto de Pesquisa Social de Frankfurt queriam compreender como a sociedade poderia lidar com os fracassos das tentativas de emancipação. O marxismo, por exemplo, tinha sido usado como instrumento da Revolução

Russa, cujo produto foi o totalitarismo. Perante os discursos nacionalistas que justificavam a violência contra o outro, como os nazistas em relação aos judeus, haveria saída pela razão? Seria possível uma razão, de fato, emancipatória? Esse foi o projeto daquilo que, mais tarde, ficou conhecido como *Teoria Crítica de Frankfurt*.

Estava apenas cumprindo ordens: essa frase é comumente pronunciada quando alguém é interrogado sobre o motivo pelo qual tomou determinada atitude. O modelo que estrutura as organizações sociais sequestra a capacidade reflexiva dos sujeitos, tornando-os engrenagens e executores de ações as quais eles não estão autorizados a questionar, independentemente de suas consequências. Ao se submeterem à racionalidade burocrática, os sujeitos não se veem como responsáveis pelas consequências de uma ação.

Assim, a fala *estava apenas cumprindo ordens* "implica a necessidade de pensarmos se a liberdade tem lugar ou não. Ética tem a ver com liberdade, conhecimento tem a ver com liberdade, porque conhecimento tem a ver com ética" (Cortella, 2005, p. 5).

É sob a obediência irrestrita à hierarquia, sob o sequestro da liberdade reflexiva sobre as consequências de uma ação ordenada e sob a imparcialidade da estrutura burocrática que se operam os crimes de guerra, as relações abusivas entre agentes sociais que colocam em cheque a capacidade de a racionalidade burocrática carregar valores éticos. As complexas estruturas organizacionais construídas pela burocracia, baseada na unidade de comando, amplificam as ações de uma mente pensante por meio da execução irreflexiva por parte de seus subordinados sob o mantra *estou apenas cumprindo ordens*.

Para Habermas (2012), é necessário que a comunicação não esteja submetida às relações de autoridade e de dominação social, para que, assim, pela autonomia reflexiva e pela força do argumento, busque-se o consenso sobre os acordos de convivência capazes de formar uma sociedade emancipada.

5.2 A Teoria Crítica da Escola de Frankfurt

Teoria crítica é o nome dado ao conjunto de trabalhos dos teóricos do Instituto de Pesquisa Social de Frankfurt. Mais tarde, o instituto passou a se chamar *Escola de Frankfurt*, caracterizando-se por uma postura crítica herdada do marxismo que buscou articulações com a psicanálise e a filosofia na intenção de compreender as relações sociais de seu tempo e de encontrar vias de mudança social para a superação das contradições nas relações de dominação na modernidade (Wiggershaus, 2002; Nobre, 2004). Na modernidade, a razão técnica, ou seja, o conhecimento que alavancou o processo produtivo, se converteu em algemas que impedem a emancipação dos sujeitos (Horkheimer, 1975). Por consequência, a sociedade passou a ser regida por interesses produtivos em detrimento de uma consciência coletiva que levasse à mitigação das relações de dominação social (Lima, 2015). No contexto da teoria crítica, as ciências sociais deveriam ter o compromisso de promover uma mudança social em prol da liberdade via emancipação, para romper com as barreiras que impedem a emancipação social e a supressão das injustiças (Horkheimer, 1975).

A Teoria Crítica frankfurtiana é caracterizada por pensar um mundo mediante aquilo que ele poderia ser em função de seu potencial, mas que não se realiza por conta de barreiras estruturais (Nobre, 2004). Pensar o que efetivamente poderia ser melhor no mundo consiste em identificar suas contradições e, com base nelas, romper com os sistemas de dominação social (Melo, 2013). Portanto, a Teoria Crítica busca evidenciar as contradições do mundo para que a sociedade elabore soluções pela clareza de tais contradições sustentadas pelos mecanismos de dominação social, como a razão técnica, uma modalidade do conhecimento que, segundo Horkheimer (1975), avançou mais do que a razão emancipatória e libertadora – a razão técnica, infortunadamente, escravizou a humanidade em suas próprias criações (Weber, 1996).

Eram vários os membros do Instituto de Pesquisa Social de Frankfurt. Esses teóricos formaram um grupo de intelectuais com esforço interdisciplinar, visando construir uma teoria social capaz de promover mudanças sociais para a construção de um mundo mais justo. Note que eles vivenciavam um período de conflitos, em plena ascensão do regime nazista e na véspera da Segunda Guerra Mundial (Nobre, 2004; Wiggershaus, 2002). Entre os teóricos que mais se envolveram no projeto de uma Teoria Crítica da sociedade inaugurado por Horkheimer ainda durante a primeira década da fundação do instituto estavam: Theodor Adorno, Herbert Marcuse e Walter Benjamin.

Quando começaram as perseguições racistas antissemitas na Alemanha e na iminência da Segunda Guerra Mundial, os membros do instituto se dissiparam para evitar perseguições. Max Horkheimer era judeu e, com sua vida em risco, exilou-se nos Estados Unidos, retornando somente após o fim da Segunda Guerra. Marcuse e Adorno também fugiram para os Estados Unidos em diferentes datas e voltaram para a Alemanha após o final da guerra. Benjamin, que também era judeu, estava em fuga da Europa quando cometeu suicídio perante a iminência de sua captura pelos nazistas (Wiggershaus, 2002).

Em 1947, Adorno e Horkheimer (1985) escreveram a obra *Dialética do esclarecimento*. Nela, demonstraram grande pessimismo quanto à possibilidade de a sociedade construir um caminho para a emancipação, pois o mundo se encontrava rigidamente administrado pelo Estado e pelo sistema econômico. Perante barreiras estruturais tão grandes, a sociedade não conseguiria obter a liberdade para a construção de um mundo mais justo; pelo contrário, encontrava-se resignada ou conformada com uma vida robótica e alienada pela técnica produtiva. Portanto, na visão de Adorno e Horkheimer (1985), a razão emancipatória estava bloqueada naquele momento histórico e a sociedade tendia a seguir um comportamento de massa. Segundo Marcuse (1968), os sujeitos se contentavam em reduzir o significado de suas vidas como engrenagens do sistema produtivo: trabalhar e consumir.

> O trabalho não é atividade livre, autorrealização universal e livre do homem, e sim sua total escravização e desrealização. O trabalho não representa o homem na totalidade de sua manifestação vital, e sim, um sub homem, puro sujeito físico da atividade abstrata – os objetos do trabalho não são exteriorizações e comprovações da atividade humana do trabalho,

e sim, estranhas mercadorias, coisas pertencentes a terceiros e não ao trabalhador. Com tudo isso, torna-se a existência do homem um trabalho alienado, não um meio de sua realização essencial, e sim pelo contrário, torna-se o próprio ente humano um meio de sua mera existência, a pura existência física do trabalhador constituiu a meta, a cujo serviço se dispõe toda sua atividade vital. [...] Chega-se aí ao resultado que o homem se sente mais disponível, apenas nas suas funções animais de comer, beber e procriar, no máximo ainda ao habitar, enfeitar-se etc., e daí, mais adiante se sente apenas enquanto animal nas suas funções humanas. A animalidade torna-se o humano e o humano torna-se a animalidade. (Marcuse, 1968, p. 129-130)

Como seria possível a sociedade sair do beco em que se encontrou mesmo quando acreditou ter atingido o mais alto grau de discernimento sobre a verdade, as leis da natureza e o funcionamento da sociedade? Esse questionamento permeou os debates filosóficos e sociológicos desencadeados pelos eventos do século XX. Como já discutimos, para alguns dos intelectuais da Escola de Frankfurt, naquele momento não havia meios para a emancipação, ou seja, o projeto da modernidade, inaugurado pelo movimento iluminista de progresso social pela razão, estava definitivamente fracassado.

Em seu artigo "Ciência e consciência, conhecimento e liberdade", Alves (2012) comenta o movimento crítico da filosofia refletido nas ciências durante o século XX, argumentando que o período entre as guerras teria dado condições para reflexões filosóficas que questionaram de que forma as ciências poderiam promover e celebrar a liberdade e a paz, em um contexto de conflitos mundiais em que o conhecimento científico tinha viabilizado a destruição da própria civilização. Permita-se refletir sobre a crise da razão e o fomento de uma teoria crítica da sociedade a partir do brilhantismo do excerto a seguir:

> Um dos sinais mais evidentes da virada científica da modernidade foi a análise de Bronowski (1979, p.9) diante do centro destruído de Nagasaqui. A serviço da Unesco, o cientista polonês desce do navio americano ao som da popular canção "*Is you is or is you ain't ma baby*" e se encontra com "os esqueletos dos edifícios das fábricas da Mitsubishi, como se mão gigantesca os tivesse empurrado para trás e para os lados". A bomba, fruto da ciência e de seus desdobramentos tecnológicos, caíra ironicamente sobre a maior população cristã do Japão e matara 40 mil somente nos primeiros instantes da eclosão. Bronowski não moraliza o fenômeno, nem discute culpas, pois outras armas haviam matado muitas outras pessoas na história e, na linha desse raciocínio, Maxwell poderia ter-se arrependido de dar à luz a televisão, bem como Oppenheimer morrido de remorsos pela fissão nuclear. **O que de fato acontecia é que o uso repetido do novo arsenal de morte implicaria a atrofia do pensamento e o completo desnorteio quanto à missão da ciência, a busca da verdade, não somente no interior humano, mas no movimento de correlação entre fatos e conceitos de homens, natureza e artefatos**. Tratava-se de celebrar a paz com as revoluções científicas, quer a do século XVI, que pusera a Terra em posição mais humilde no sistema do mundo, ligando Galileu a Da Vinci, quer a de John Dalton, 1808, que estabeleceu que o ato de fusão física é um ato criador, ou a de Einstein, que chama à compreensão de qualquer ciência como ato coletivo, movimento não só de fragmentação positivista, mas dos encontros que edifiquem projetos comuns. Bronowski (1979, p.63-76) completa: "não haveria Astrofísica, História, ou

> sequer Linguagem, se o homem fosse um animal solitário [...] Os homens exigiram liberdade, justiça e respeito precisamente à medida em que o espírito científico se espalhava entre eles".
> (Alves, 2012, p. 322, grifo nosso)

O pessimismo que invadiu os veteranos da Teoria Crítica foi contestado por outros membros. Havia quem acreditasse que a civilização não estava à deriva, bem como que haveria meios reais de construir um mundo melhor. Entre eles, estava Jürgen Habermas, assistente de Adorno entre 1956 e 1959 e que, na intenção de criar uma teoria voltada para a mudança social, inspirou-se na **virada linguística** e desenvolveu uma sociologia sob o paradigma da comunicação.

5.3
A virada linguística das ciências humanas e seus desdobramentos na sociologia

Habermas (Figura 5.3) continuou o projeto de Horkheimer por meio de seus trabalhos sobre a pragmática da linguagem e a comunicação (Aragão, 1997). Ele não caiu em pessimismo em relação aos rumos da modernidade, tal como fizeram alguns outros membros da Escola de Frankfurt. Pelo contrário, Habermas continuou a desenvolver uma teoria emancipatória, intimamente ligada ao propósito originário do projeto teórico do instituto (Lara; Vizeu, 2019; Lima, 2015). Entretanto, para compreender a relação entre a sociologia e a comunicação articulada por Habermas, é preciso ter clareza de alguns acontecimentos que marcaram a filosofia ocidental e que, por consequência, possibilitaram novos rumos para as ciências sociais. A seguir, você conhecerá mais sobre a virada linguística, um movimento filosófico da segunda metade do século XX que foi determinante para o pensamento social.

É importante compreender que a ciência é fundada pela filosofia. Foi a partir das reflexões livres que se construíram os campos da ciência e as tentativas de se obter um método de pensamento que levasse ao encontro da verdade, uma busca sempre presente na história da humanidade (Lima, 2015). Mas durante o século XX, ocorreu uma grande reviravolta no pensamento ocidental.

Figura 5.3 Jürgen Habermas

Em torno das críticas ao fracasso da razão iluminista (aquela razão idealizada no século XVII como construtora da liberdade, igualdade e fraternidade) que, na modernidade, fomentou a técnica – sendo que a própria técnica escravizou o homem (Horkheimer, 1975; Adorno; Horkheimer 1985; Marcuse, 1968) –, aumentaram as tensões no campo da filosofia em busca de vias para a emancipação do ser humano, para fazê-lo sujeito de sua própria existência (Lima, 2015), e não apenas uma mera engrenagem de um sistema social que determina suas ações e o faz agir irreflexivamente ou sem autorização de interpretar o mundo por si mesmo (Lawn, 2011).

O mito da caverna, de Platão

Nessa parábola, Platão narra Sócrates pedindo a Glauco que imagine um grupo de pessoas acorrentadas desde a infância no interior de uma caverna, em posições imóveis que não lhes permitem ter outro ponto de vista. Atrás deles, existe um fogo que projeta sombras na parede, sendo essas as únicas imagens que eles conseguem ver. Entre os aprisionados e o fogo, há um túnel ao alto e um muro que está como se fosse um tapume (a exemplo do que utilizam os atores que se escondem para manipular bonecos num teatro de marionetes). Tudo o que os prisioneiros conseguem saber do mundo fora da caverna são as sombras dos objetos, que se projetam acima da altura do muro como sombras delineadas em contraste com a luz do fogo, projetadas na parede que pode ser vista por eles. Para os prisioneiros, o mundo exterior seria nada mais do que sombras de objetos que ultrapassam a altura do muro e são projetadas distorcidamente na parede. Se algum deles fosse levado subitamente para fora da caverna, teria que fazer um esforço para ver as coisas sob a luz do sol, contemplar o céu, o dia e a noite e as coisas verdadeiras, perfeitas como são. Se voltasse e relatasse o que viu, seria taxado de louco ou seus relatos seriam atribuídos à cegueira provocada pelo excesso de luz do sol. Na narrativa, Sócrates conclui com Glauco que o mundo apreendido pelos olhos é deturpado, como as sombras vistas pelos prisioneiros no interior da caverna. A verdade se encontra na perfeição das ideias, fora da existência material, uma instância nobre do ser que transcende seu corpo e o faz pensante e racional. Para Platão, a verdade sobre o mundo não pode ser encontrada observando o mundo, pois o pensamento está

> aprisionado ao corpo, como os homens acorrentados na caverna. É preciso contemplar o mundo pela perfeição das ideias, longe das distorções dos sentidos e, assim, conhecer a verdade das coisas (Platão, 2006).

A tradição filosófica ocidental, desde Platão, considerava que o pensamento era autônomo em relação ao corpo, e a razão do pensamento permitia ao ser humano contemplar o mundo pela perfeição das ideias, fonte da verdade. A razão era capaz de elaborar articulações perfeitas, mais até que o mundo real sentido pelo corpo, que está sempre sujeito às distorções dos sentidos. Platão (2006) considerava que a verdade sobre o mundo se encontrava em algo mais perfeito que o próprio universo: nas ideias. Sua narrativa sobre "O mito da caverna" ilustrava essa filosofia, em que a caverna simbolizava a vida num mundo sempre distorcido, cujas verdades se encontravam fora dele (fora da caverna), isto é, na perfeição das ideias, instância mais pura da razão.

No mesmo sentido, Descartes (1979), já no século XVII, acreditava que o motor do pensamento estava numa espécie de substância pensante e precisava superar as distorções e os enganos induzidos pelos limitados sentidos do ser humano. Para Platão e Descartes, o pensamento era uma instância superior e fazia das palavras uma ferramenta para se referir à realidade. Ou seja, a linguagem tinha um papel secundário na relação entre o sujeito e o mundo, servindo apenas como um menu de significações escolhidas pelo pensamento para se referir a algo, como um dicionário com significados fixos e articulados de formas distintas (Lawn, 2011). As palavras serviriam para relacionar as ideias do pensamento aos objetos ao mundo real. É como se o pensamento fosse a articulação de palavras com significados fixos, e, nesse sentido, a linguagem funcionaria como a ponte entre a razão e o mundo.

Tais pensadores consideraram a soberania do pensamento em relação à linguagem, reconhecendo que sem linguagem não existe pensamento. Tente pensar sem utilizar nenhum tipo de linguagem ou se referir a algo em seu pensamento sem o uso de algum tipo de linguagem aprendida. Você é capaz? Pois bem, parece que o mundo só pode ser significado via linguagem ou, mais do que isso, tudo o que existe são coisas criadas pela linguagem e articuladas pelo pensamento, que é capaz de descrevê-las, fazendo de você um ser racional (Gadamer, 2015). Essa subversão do pensamento como uma coisa superior e autônoma desabou perante o pensamento dos filósofos da linguagem nos quais Habermas fundamentou sua teoria do agir comunicativo (Habermas, 2012), uma continuação da Teoria Crítica de Frankfurt sob os paradigmas da virada linguística.

A virada linguística promoveu uma complexa mudança na forma como encaramos as verdades, pois, se antes seria possível chegar a uma verdade absoluta sobre algo no mundo, tal garantia estava na articulação perfeita das palavras que traduziam o pensamento, uma instância superior. Após essa guinada, as verdades absolutas, como as que eram sustentadas pelo método científico, tornaram-se apenas construções baseadas em um sistema linguístico que nos permite construir sentidos para aquilo que apreendemos do mundo, bem como compartilhá-los em sociedade, transmiti-los culturalmente e interagir com mundos em comum construídos pelo nosso pensamento, ou seja, pela linguagem.

A verdade sobre um objeto em discussão não está nele, mas no consenso que se obtém sobre o que ele é. Isto é, a verdade se origina da interação comunicativa entre as pessoas, e não no objeto em si mesmo. Assim, toda interação social racional apenas é possível mediante o compartilhamento de significados baseados em uma tradição linguística na qual somos aculturados ou que aprendemos durante a vida. Os significados das coisas não são fixos como num dicionário, mas, sim, perfazem-se a cada momento em função de situações vividas, significadas pelo pensamento, criadas em contextos sócio-histórico próprios. O significado das coisas ou a verdade sobre algo não são fixos ou imutáveis, mas sim negociados no mundo da vida, nas comunicações em que são permitidos o debate e o questionamento na busca de consenso, no ato da livre interação social, no entendimento intersubjetivo sobre as coisas do mundo (Habermas, 2002).

Há pouco, argumentamos que o método científico não garante neutralidade, ou seja, como denunciou Habermas (1987), a colonização do mundo da vida se manifesta inclusive na construção ideológica do saber científico. Para romper com esse raciocínio, é somente sob o preceito da liberdade para a argumentação de todos os membros da comunidade científica que pode ser obtida uma verdade, sempre provisória e disponível para ser posta à prova na busca do consenso. Desse modo, aquilo que era uma verdade absoluta pode ser desconstruído por força de um argumento que convence a todos, sem necessidade de persuasões ou imposições.

Por muito tempo, acreditou-se que a Terra era o centro do universo. Enquanto a comunicação foi controlada pela Igreja Católica, não houve uma efetiva ação comunicativa, e mesmo quando Nicolau Copérnico, no século XVI, e Galileu

> Galilei, no século XVII, argumentaram que a Terra orbitava em torno do sol, as relações de dominação social e controle do conhecimento científico operado pela igreja por meio dos tribunais da Inquisição impediram que prevalecesse a força de um argumento mais sólido, o qual somente se tornou verdade quando houve a possibilidade de serem realizados debates sob condições menos restritivas em relação aos processos de comunicação.

5.4 A comunicação nas relações sociais do mundo da vida

Habermas se inseriu na virada linguística para dar continuidade à teoria crítica, ou seja, uma teoria social capaz de instrumentalizar a mudança necessária para a promoção de uma sociedade livre das relações de dominação (Lima, 2015). Ao longo do tempo, desde os anos de 1960, o filósofo foi desenvolvendo uma abordagem que culminou na **teoria do agir comunicativo**. Nessa teoria, Habermas (2012) articulou uma expressão utilizada pelos teóricos da fenomenologia, o *mundo da vida*, uma esfera primária da vida social livre das relações coercitivas do processo de comunicação.

Na modernidade, esse mundo social ou mundo da vida, cuja essência é a livre comunicação, teria sido deformado pelo sistema, que é operado pela ação econômica e administrativa (Habermas, 2012). O autor atribui as patologias sociais da sociedade moderna – como as que foram discutidas nos Capítulos 2 e 4 – às interferências desse sistema no mundo da vida.

Para Reese-Schäfer (2009), o mundo da vida em Habermas pode ser compreendido por três notáveis características. A primeira presume que não há verdade que não possa ser problematizada ou questionada (Reese-Schäfer, 2009), ou seja, não existem verdades absolutas. A verdade é sempre impermanente, isto é, não é cristalizada ou engessada, mas está sempre disponível para ser discutida, problematizada ou até mesmo modificada de acordo com o consenso da sociedade.

Uma verdade, sempre provisória, deve se sustentar pelo argumento que gera uma irrefutável concordância entre as pessoas, mas nunca por imposições ou relações de poder. Aliás, essa característica está presente já nos primeiros escritos sobre a Teoria Crítica delineada por Horkheimer (1975). Nenhuma narrativa deve ser tomada como verdade sem que haja a possibilidade de criticá-la e desconstruí-la, para que, mediante as contradições entre as teorias e a realidade vivida, a sociedade possa ser mais bem compreendida. Em Habermas (2012), podemos considerar que é pela livre argumentação e contra-argumentação, ou seja, pela possibilidade de se negar verdades postas, que se obtém o consenso válido com o *status* de verdade para determinada comunidade.

A segunda característica do mundo da vida diz respeito ao fato de que as pessoas compartilham opiniões, mas muitas delas já nem são mais problematizadas, pois já foram tão debatidas no passado que, atualmente, são consideradas proposições válidas. Assim, novas proposições são feitas e problematizadas com base em algo amplamente aceito, o que serve como ponto de partida para argumentações na busca de consenso (Reese-Schäfer, 2009).

Por exemplo, quando debatemos sobre segurança em nosso país, ainda que inúmeros sejam os assuntos não consensuais em nossa comunidade, nós, brasileiros, partimos de um princípio já amplamente debatido: as mortes violentas devem ser reduzidas. O que fazer, como e quando são ideias que podem ser ainda muito controversas. Mas note que partimos de algo já naturalizado, ou seja, da ideia de que as mortes em função da violência são indesejadas. Isso está tão introjetado em nosso pensamento que nossos argumentos em relação à segurança já presumem essa proposição. Pensamos, argumentamos e buscamos um consenso por meio de sua presunção, e a isso Habermas (2012) se refere como *intersubjetividade*, ou seja, ideias compartilhadas de que já nem nos damos conta, pois apenas partimos delas, o que nos permite poder pertencer a um grupo e conviver em sociedade de forma racional e inteligível.

A terceira característica do mundo da vida se dá por intermédio da ação comunicativa que o estrutura, a qual se revela como uma inesgotável fonte de articulações, interações, construções de consenso e problematizações de verdades (Reese-Schäfer, 2009). Embora a tradição linguística que constrói o mundo social compartilhado seja a referência intersubjetiva, as experiências individuais e a legitimidade do ponto de vista de todo indivíduo capaz de se comunicar fornecem infinitas possibilidades de construção de conhecimento e resolução consensual de problemas sociais.

Portanto, para Habermas (2012), no mundo da vida, as pessoas são capazes de se comunicar livremente sem coerções. Isto é: se você já esteve numa interação social discutindo certo assunto, numa situação em que todos os presentes tinham liberdade para opinar e questionar as opiniões dos outros para, de alguma forma, chegarem a um consenso sobre algo, sendo que tal consenso foi uma construção coletiva em que prevaleceu o melhor argumento, ou seja, aquele que fez mais sentido a todos, e considerando, ainda, que tal resultado poderia ser revisado a qualquer momento, embora as objeções possam aparentemente ter se esgotado, você experienciou, em maior ou menor grau, o mundo da vida, livre de dominações.

À luz de Habermas (2012), a dinâmica de uma discussão como essa é considerada uma situação ideal para se chegar ao consenso sobre a verdade, validada por um saber cultural veiculado pela tradição, num processo de comunicação livre de coerções, com a possibilidade de surgirem questionamentos a qualquer momento e por qualquer membro do grupo, numa ação voltada para a busca do entendimento, em que o consenso é obtido em função da argumentação aceita por todos.

Note que esta deveria ser, por exemplo, a forma com que as decisões deveriam ser tomadas nas democracias, não é mesmo? Mas, para Habermas (2012), o mundo da vida se encontra colonizado. Nesse sentido, as verdades são impostas por relações desiguais de poder, em que o que conta não é a força do argumento, mas os interesses dos poderes político e econômico que interagem entre si e causam violência estrutural por meio de dominação social, ou seja: perda da liberdade dos sujeitos, cerceamento da capacidade crítica e sujeição a regras que prejudicam a sociedade, sem que os sujeitos possam questionar ou sugerir mudanças.

Entretanto, não podemos negar que, na recuperação da transparência da comunicação inerente ao mundo da vida, se encontra a possibilidade de romper com as formas de dominação que sustentam as desigualdades. É possível? Basta você se lembrar das discussões de que teve a oportunidade de participar e em que não se sentiu coagido a dar sua opinião, para as quais, no final, prevaleceu o melhor argumento. Se você identificou uma vivência em uma situação parecida, tenderá a concordar com Habermas, pois, em escala maior, nela reside uma possibilidade latente de construção de uma sociedade justa, livre e igualitária.

Agora que oferecemos elementos para um entendimento introdutório sobre o mundo da vida, esfera que viabiliza a existência do mundo social e da convivência humana em coletividade, passemos a explorar o que é o sistema, bem como quais são seus elementos, sua origem e seu funcionamento na modernidade.

Para Habermas (2012), a sociedade é formada pelo sistema administrativo do Estado, pelo sistema econômico e pelo mundo da vida. A ideia de sistema é trazida da sociologia clássica, com algumas ponderações: não se trata de afirmar que a sociedade é um sistema, como presumia Durkheim, mas sim que ela pode ser entendida como um sistema com subsistemas, quando observada com relativa abstração (Habermas, 2012). Os sistemas sociais se tornaram complexos, sem necessariamente se equilibrarem, como presumia a sociologia funcionalista. Pelo contrário, o que Habermas diagnosticou foram coerções dos sistemas administrativo e econômico sobre o mundo da vida.

Na modernidade, a sociedade ocidental se segmentou entre esfera pública, formando sistemas administrativos orientados pelo poder, e esfera privada, compondo o sistema econômico orientado pelo dinheiro. Esses dois subsistemas deformaram o mundo da vida, esfera em que ocorre a livre comunicação orientada pela busca do consenso, mas que passou a ter barreiras de entendimento em função da manipulação do poder e do dinheiro. As pessoas passaram a não mais visarem um consenso, mas se apropriaram da comunicação estruturante do mundo da vida instrumentalizando-a em função de interesses individuais que não contemplam os acordos de convivência (Habermas, 2012).

O sistema administrativo deforma o mundo da vida, pois desestabiliza as relações sociais, fazendo dos sujeitos dependentes de sua estrutura. Por exemplo, as relações familiares deixaram de ter a função assistencial e colaborativa numa sociedade em que o Estado tomou para si a responsabilidade de prover cuidados como educação e cuidados médicos (Reese-Schäfer, 2009). Com isso, os sujeitos passaram a depender cada vez mais da estrutura administrativa, que suprime os laços conviviais das relações sociais e cria indivíduos dependentes do sistema. Com isso, originam-se, também, assimetrias de poder entre quem toma as decisões nesse sistema e quem está submetido a elas. Da mesma forma, a busca pelo ganho econômico começou a dominar as interações sociais, as quais passaram a ser vistas como instrumentos econômicos, deformando também o mundo da vida pela sua subordinação aos interesses da economia de mercado (Reese-Schäfer, 2009).

Se ao final do século XIX os sistemas públicos e privados constrangiam o mundo da vida disputando poder entre si – Estado e capitalismo, no mundo pós-Segunda Guerra ou no *capitalismo maduro*, como nominou Habermas (1984) –, atualmente o mundo da vida está ainda mais coagido e dominado por uma relação promíscua entre economia de mercado e Estado. Se o sistema econômico apresenta efeitos colaterais perversos nas relações sociais e gera disfunções como a desigualdade estrutural, o Estado passa a agir de forma conjunta, como mantenedor dos interesses econômicos, provendo assistências mínimas que desarticulam quaisquer possibilidades de ação revolucionária por parte dos trabalhadores, como pressupunha Marx. Além disso, o poder sustentado pela ação administrativa estatal se funde com o poder do dinheiro, e ambos (Estado e economia) passam a agir de forma integrada na instrumentalização da vida e das relações sociais em função de seus próprios interesses ou de seus operadores.

Pouco a pouco, a cultura passou a ser consumida como um produto de mercado e, desse modo, a arte e a estética também começaram a sustentar interesses do sistema econômico. A tradição linguística, ou seja, a cultura, foi deformada pela ação administrativa e econômica. Desse modo, os significados passaram a ser construídos com base na ação da economia e do Estado, num processo comunicativo colonizado em que as pessoas não têm voz para questionar as verdades. Por essa razão, as pessoas assumem visões de mundo sem questionar. Desse modo, sem perceber, passam a assumir comportamentos por força da dominação dos sistemas sobre o mundo da vida. Como consequência, pouco a pouco, a esfera intersubjetiva, aquela esfera invisível que ligava as pessoas pelo compartilhamento de entendimentos construídos sócio-historicamente, foi sendo subvertida e deformada pelo poder político/administrativo/burocrático do Estado e pelo poder da economia.

As relações sociais, colonizadas pelos sistemas políticos e econômicos, passaram a ser instrumentos de aumento de poder dos agentes dominantes. Com isso, pouco conseguem ser orientadas para o entendimento de uma forma participativa, senão por força do poder administrativo do Estado e/ou pelo poder do dinheiro dos agentes dominantes do sistema econômico (Habermas, 2012).

Vamos a algumas situações ilustrativas: na democracia representativa, elegemos um representante que deve sustentar nossas reivindicações na esfera pública, ou seja, no Congresso Nacional, em que decisões importantes são tomadas em nome do bem comum. Entretanto, muitas vezes, a representatividade política é subvertida e forma um sistema que atua em função da manutenção de poder; ainda que haja debates públicos, as verdades ali postas não representam o consenso de uma ação comunicativa em que a verdade pode a qualquer momento ser posta à prova e contra-argumentada. Na maioria das vezes, a comunicação da esfera democrática representativa sustenta interesses que não cumprem com o propósito de buscar o consenso participativo, mas faz apenas uma representação que justifica interesses que não são explicitados com clareza.

Nesse mesmo sentido, podemos observar a deformidade das relações sociais em função de uma orientação econômico-privada. A vida moderna se encontra instrumentalizada para a produção de bens e serviços, cujas ações são justificadas majoritariamente sob o ponto de vista econômico, ainda que resultem em severas consequências para o mundo da vida.

Lembre-se de sua experiência no mercado de trabalho ou de relatos de experiências de pessoas que lhe são próximas e interrogue-se: Na ação econômica das organizações de mercado, haveria espaço para o livre debate durante

> tomadas de decisões sobre ações que lhe foram delegadas? Todos os envolvidos tinham legitimidade para se pronunciar e argumentar a respeito da ação em pauta e de suas consequências para si, para a empresa e para a sociedade? Dentre as muitas respostas possíveis que você elaborou nesse momento, é muito provável que tenha concluído que a liberdade para se manifestar numa tomada de decisão ou a legitimidade dada à sua opinião ao problematizar sobre uma verdade em construção dependem do posto ocupado – isto é, diretor, gerente ou operário.

Quando as pessoas não estão autorizadas a falar ou a opinar ou quando não são levadas a sério, ainda que apresentem argumentos lógicos e sinceros, identificamos a colonização do mundo da vida operada pelo sistema dinheiro. Nesse exemplo, a verdade sobre uma ação está condicionada aos interesses de crescimento econômico privado, e o juízo sobre as consequências da ação (sobre o que será bom ou ruim) será determinado unilateralmente por quem detém mais poder econômico.

Perceba que o mundo da vida é colonizado pelos significantes da linguagem, pela deformação da tradição cultural e pelas assimetrias de poder nas relações sociais. Durante os atos de fala, a comunicação é sistematicamente distorcida, a ponto de que as pessoas, muitas vezes, são levadas a concordar com ideias cujos interesses não lhes são tão claros, mas, apesar disso, tomam-nos como naturais, visto que os próprios elementos culturais já criam um contexto favorável para a sustentação de assimetrias de poder e imposição ou indução de verdades absolutas – ou seja, proposições que não são autorizadas a serem questionadas racionalmente. O produto disso tudo é o que tanto tem sido abordado neste livro: **dominação social**. Habermas entende que "é possível atribuir as patologias da Modernidade, sem nenhuma exceção, à invasão da racionalidade econômica e burocrática em esferas do mundo da vida" (Reese-Schäfer, 2009, p. 46).

5.5 Qual é o caminho para a emancipação social vislumbrado na teoria do agir comunicativo de Habermas?

Você pode ter notado que Habermas não está interessado em estabelecer verdades, mas sim em esclarecer que a construção das verdades sobre o mundo que amparam as decisões do convívio social foram deformadas pelo poder e pelo dinheiro. Assim como seus antecessores de Frankfurt, ele não busca apontar unilateralmente qual é a solução para os problemas do mundo, mas está o tempo todo nos convencendo de que as soluções devem ser pensadas sem coerções comunicativas nas relações sociais.

Alguns sociólogos não apenas diagnosticaram os problemas da sociedade, mas também indicaram as ações necessárias para suas superações. Resgatemos os aspectos prescritivos de Marx: ao propor acelerar a história por meio de uma revolução dos proletários contra a dominação capitalista, ocorreram novas configurações estruturantes, a exemplo da formação de coalizão dos interesses do Estado e do capital ou, ainda, do surgimento de Estados totalitários que desencorajaram o movimento revolucionário na busca pela superação da desigualdade social. Os teóricos frankfurtianos ligados ao aspecto emancipatório da Teoria Crítica buscaram gerar uma teoria que viabilizasse a tomada de consciência da sociedade, como proposto por Marx, sem, no entanto, prescrever soluções, fazendo dessa teoria um projeto sempre aberto para atualização, ante os novos desafios da modernidade. É este o intento de Habermas: identificar meios para a emancipação sem prescrever as ações práticas. Isso garante que as consequências das ações sejam avaliadas na ação comunicativa que permitiu a existência da sociedade.

Longe de idealismos, esse teórico busca identificar mudanças estruturais possíveis com base naquilo que o mundo já tem, mas cujo potencial não é totalmente aproveitado por conta das barreiras impostas pela dominação dos sistemas sobre o mundo da vida. Se podemos observar que, em essência, a comunicação das relações sociais pode ocorrer, em determinadas situações, livre de interesses políticos e econômicos, sendo orientada apenas para o entendimento e o consenso, é nesse sentido que Habermas propõe uma via possível para a emancipação e mudança social, visando um mundo mais justo e igualitário.

A democracia é uma forma de organização social que, consensualmente, no mundo contemporâneo, parece ser a mais promissora. Os espaços em que as decisões coletivas são tomadas ainda se encontram dominados por interesses antagônicos aos amplos acordos de convivência que buscam o melhor convívio possível em sociedade. Assim, a democracia se demonstra uma estrutura que pode viabilizar a obtenção de verdades consensuais, amplamente debatidas, aproximando-se de condições de fala tidas como ideais numa ação comunicativa. Qual seria, então, a solução para os problemas sociais contemporâneos? Habermas não apontou a solução, senão um caminho para obtê-las sob menor dominação social.

Por um momento, Habermas pode ser considerado um idealista, como se fosse possível obter relações de comunicação completamente livres dos interesses políticos e econômicos. Pois bem, além de ser engajado na busca pela mudança, Habermas ainda tem esperança na modernidade. Ele conseguiu resgatar e teorizar uma racionalidade até então não explorada, baseada na comunicação social, e construiu um instrumento aberto para a busca de soluções possíveis, considerando o que o mundo possui de melhor em termos de potencial, embora não o aproveite de forma plena (Reese-Schäfer, 2009). Nesse sentido, Habermas não é um idealista, pois acredita na mudança por meio de estruturas já existentes em nossa sociedade, como a democracia.

Talvez, o idealismo maior seja acreditar que a manutenção e o zelo pelos sistemas vigentes produzam algum resultado diferente do que os efeitos colaterais de acumulação de riquezas e instrumentalização da vida em função de interesses do sistema político-administrativo e do sistema econômico. A teoria crítica, antes de mais nada, busca resgatar a liberdade do ser humano, suprimida por suas próprias criações (Nobre, 2004).

Síntese

Neste capítulo, discutimos que o sonho iluminista, de que a razão humana conduziria a construção de uma sociedade plena, justa e igualitária, desmoronou perante os efeitos colaterais de um modelo de progresso baseado na técnica, que acabou suprimindo a liberdade e gerando desigualdades. Nesse sentido, pensadores como Nietzsche e Freud denunciaram que a razão nada mais era que um produto de pulsões sobre as quais o sujeito não poderia deter controle.

Após a segunda metade do século XX, um grande movimento ocorreu nas ciências humanas, o qual ficou conhecido como *virada linguística*. Esse movimento relativizou as verdades e ofereceu um novo paradigma fundante do mundo social: a linguagem. Habermas, herdeiro da tradição crítica da Escola de Frankfurt, inseriu-se nesse movimento filosófico para propor uma teoria social capaz de emancipar e promover mudanças sociais que suprimissem as relações de dominação da sociedade moderna – mais precisamente, no capitalismo maduro.

Assim, a teoria do agir comunicativo ampliou a compreensão das estruturas sociais, distinguindo um sistema primário, baseado na comunicação e fundante da realidade social, de outros dois sistemas, administrativo e econômico, os quais, ao longo dos últimos séculos, deformaram o mundo da vida, colonizando-o e impondo barreiras à comunicação livre e orientada para o consenso – a chave para a construção de uma sociedade melhor.

A Teoria Crítica frankfurtiana, continuada na obra de Habermas, nos oferece um instrumento teórico capaz de viabilizar mudanças sociais decididas democraticamente. Ou seja, o autor aproveitou as estruturas existentes no mundo e extraiu delas seu melhor potencial, como a (re)construção da democracia por meio da ação comunicativa nos ambientes públicos, livre de coerções e orientada para o consenso.

Perguntas & respostas

Qual é a diferença entre razão instrumental e razão comunicativa?

A razão instrumental é a orientação do pensamento que move as interações sociais em função do cálculo racional dos benefícios obtidos. A razão comunicativa se refere à orientação para o entendimento e o consenso, sem que haja intenção de instrumentalizar ou tirar proveito do outro em uma interação social.

O que é mundo da vida e mundo sistêmico para Habermas?

O mundo da vida representa a esfera social em que predomina a ação comunicativa, ou seja, as pessoas interagem de forma sincera, sendo que o único objetivo é se comunicar e interagir sob uma convivência pacífica e ética. Por sua vez, o mundo sistêmico diz respeito à esfera social dominada pelos interesses do poder e do dinheiro, em que as relações sociais são baseadas em interesse, em tirar proveito e instrumentalizar o outro em função de razões próprias. Na modernidade, o mundo da vida foi deformado pelo mundo sistêmico, de forma que as relações são baseadas na utilidade – por exemplo, fazer amigos com a intenção de formar redes de contatos profissionais, aproximar-se de pessoas que podem trazer benefícios políticos ou distorcer a comunicação para tirar proveito da desinformação do outro. Assim, Habermas vislumbra que a saída para a retomada de um projeto de modernidade necessita passar pela desinstrumentalização das relações sociais por meio da ação comunicativa.

Como ocorre a dominação ideológica via comunicação?

A dominação ideológica acontece quando apenas uma visão de mundo é tomada como legítima e correta. A ideologia é um fenômeno social, o qual forma um conjunto de ideias que dão sentido ao mundo. É problemático quando as pessoas não reconhecem suas próprias ideologias, pois tendem a acreditar que ideológico é o outro, apenas. Da mesma forma, é perigoso quando uma visão de mundo é sustentada como verdade não problematizável, fundada em si mesma, como se fosse um circuito fechado de ideias. Como os meios de comunicação de massa estão cada vez mais acessíveis – tomemos como exemplo as redes sociais –, percebemos que se formam grandes grupos com visões de mundo bastante fundamentalistas e sedimentadas, em que as pessoas conseguem criar condições para a manutenção das certezas absolutas sobre o que é certo ou errado, sem considerar as visões de mundos possíveis de outros grupos sociais, dos quais se isolam ou que são tomados como inimigos. Os meios de comunicação, portanto, tanto podem servir para fomentar o debate produtivo, buscando consensos e acordos de convivência social, como também para viabilizar a formação de grupos fechados em suas próprias ideias, de forma a se portar de forma intolerante perante outras visões de mundo possíveis.

Para saber mais

ELES vivem. Direção: John Carpenter. EUA, 1988. 94 min.

Esse filme, dirigido por John Carpenter e lançado em 1988, conta a história de John Nada, um andarilho em Los Angeles que, tentando ganhar a vida, encontra uns óculos cujas lentes especiais eram capazes de revelar as distorções comunicativas das propagandas. Para além do conteúdo ficcional, o filme faz uma crítica à comunicação sistematicamente distorcida, capaz de dominar a sociedade por meio da mídia.

Questões para revisão

1) Comente sobre a crise da razão no século XX e cite acontecimentos que corroboram ou questionam a análise feita neste capítulo.

2) Como a virada linguística contribuiu para a compreensão dos fenômenos sociais?

3) Considerando os conhecimentos adquiridos sobre a Teoria Crítica de Frankfurt, marque a alternativa correta:
   a) Trata-se de uma teoria que visou à instrumentalização da sociedade para a Revolução Proletária.
   b) Foi uma corrente marxista ortodoxa que migrou para a União Soviética durante a Segunda Guerra Mundial.
   c) Entre seus principais representantes estavam Adorno, Horkheimer, Marcuse, Benjamin e Habermas.
   d) Questionou radicalmente a capacidade de a razão comunicativa emancipar a sociedade.

4) Considerando a teoria do agir comunicativo, marque a alternativa **incorreta**:
   a) Foi desenvolvida por Jürgen Habermas como uma saída para a emancipação social no capitalismo maduro.
   b) Aponta a estatização da economia como forma de promover justiça social.

c) Sustenta que a emancipação pode ser obtida pela lógica do mundo da vida, ou seja, das relações sociais orientadas para o consenso.
d) Condena a comunicação sistematicamente distorcida, ou seja, aquela em que o locutor usa técnicas para esconder os reais interesses de suas proposições.

5) Sobre a virada linguística, marque a alternativa correta:
   a) Representou uma guinada no campo das ciências humanas e sociais e apontou para a importância da comunicação na formação das estruturas sociais.
   b) Surgiu como um movimento de crítica à razão clássica de Nietzsche.
   c) Representou um ponto de inflexão nas ciências e ficou conhecida como *positivismo*.
   d) Buscou sustentar o caráter neutro do método científico.

6
As relações sociais e a comunicação na democracia

Conteúdos do capítulo:

- O papel da ética na comunicação que medeia as relações sociais.
- A comunicação livre como um fundamento da democracia.
- O papel da ação comunicativa para a garantia do exercício da cidadania das minorias.

Sob inspiração habermasiana, neste capítulo, analisaremos as relações sociais evidenciando o papel da ação comunicativa como via democrática possível para a construção de uma sociedade mais justa.

A ação comunicativa constitui o mundo da vida livre das coerções do sistema. É pela comunicação que as relações sociais são viabilizadas e é ela que nos constitui como sociedade. Infelizmente, essa esfera social foi deformada pelo poder administrativo/político e pelo poder econômico. Mas Habermas destila possibilidades de emancipação social em um mundo dominado pelo sistema, como vimos no capítulo anterior. A saída para a mudança necessária, segundo esse autor, parece ser possível por meio dos acordos de convivência social obtidos mediante a comunicação orientada para o consenso.

Desse modo, este capítulo evidenciará o potencial da teoria habermasiana para a transformação social com base na ética, na democracia e na redução das desigualdades por meio da ação comunicativa. Inspirado em uma democracia deliberativa, em que os sujeitos decidem suas regras de forma coletiva e legítima, Habermas aponta que a solução para os problemas da sociedade deve ser concebida pelos próprios cidadãos. Com isso, mecanismos jurídicos para o exercício da cidadania por meio da livre comunicação constituem uma possível via para a redução da desigualdade social e da vulnerabilidade de grupos minoritários.

6.1
Ética e comunicação

A ética moderna é influenciada pela concepção de Aristóteles, de Kant e pelo pensamento utilitarista (Habermas, 1989). Por meio de reflexões práticas, convidamos você a explorar cada uma das correntes que influenciaram a visão habermasiana em sua concepção de ética construída pela comunicação livre de coerções. Esse pode ser um meio possível para coibir as discriminações, reduzir as dominações que mantêm a desigualdade e viabilizar a construção dos acordos de convivência para uma sociedade pacífica.

Apesar de ser uma palavra muito utilizada em nossos dias, o termo *ética* possui origem na Grécia antiga. Naquela época, *ética* era sinônimo de uma vida boa, que possuía valor em si mesma (Habermas, 1989). Para a vida ser boa, o sujeito teria de encontrar sua função no mundo, fazendo pleno uso das virtudes que lhe foram investidas pela força cósmica que rege o equilíbrio funcional do universo. Desse modo, ser ético na Grécia, sob uma perspectiva aristotélica, era uma questão individual e contemplativa: cada elemento existente buscava uma vida plena por meio da sua inserção na ordem cosmológica do universo.

O filósofo, por exemplo, cumpria sua função pelo pleno uso de suas capacidades intelectivas, enquanto o escravo contribuía para a manutenção da ordem exercendo suas funções operacionais. Todos os seres cumprindo com suas funções resultavam numa existência harmoniosa. Portanto, uma vida boa ou ética existia para aqueles que colaboravam com a ordem cosmológica mediante a autorrealização e o desabrochar das próprias virtudes.

Dentre as transformações que atingiram a concepção de *ética*, desde que os gregos inventaram o termo e quase vinte séculos mais tarde, ela passou a ser algo que se refere aos bons costumes que garantem a convivência pacífica. Já não se trata mais de uma vida contemplativa para a inserção na ordem cosmológica do universo, mas, sim, de decisões práticas regidas por uma moral coletiva (Barros Filho; Meucci, 2017).

Cerca de dois mil anos mais tarde, na era do Iluminismo, a sociedade europeia se deu conta de que o futuro já não era compreendido como consequência da vontade divina ou garantido por uma ordem cosmológica, mas como um produto da ação humana. Nesse contexto, o filósofo alemão Immanuel Kant surgiu como o pensador mais influente sobre o que atualmente compreendemos como *ética*. Ele sustentou que a humanidade está submetida a uma espécie de lei que rege sua razão para tomar decisões práticas e, por isso, domina as vontades instintivas, diferenciando-se dos animais.

Uma analogia possível para compreender preliminarmente o raciocínio kantiano é que, da mesma forma como a natureza possui leis que regem seu funcionamento, a sociedade só havia se constituído porque existiam leis que regiam a razão, permitindo o discernimento entre o bom e o mau, o bem e o mal. Sendo assim, as ações humanas seriam condicionadas por algo transcendente, ou seja, que estaria para além da existência do próprio indivíduo, pertencente à coletividade de forma atemporal.

Na obra *Fundamentação da metafísica dos costumes* – publicada pela primeira vez em 1785 –, Kant (2003) buscou identificar como tais leis regem o julgamento humano no cotidiano: manifestam-se como deveres ou imperativos, ou seja, como algo que se impõe à vontade instintiva e ao cálculo racional do benefício obtido numa ação. O termo *metafísica* do título da obra remete a algo que não pode ser explicado pela observação prática, mas que tem natureza transcendente na moral de uma sociedade. Desse modo, o sujeito tende a tomar consciência do bem e do mal a partir de uma moral que paira sobre o convívio social e impera sobre as vontades individuais de uma sociedade.

Note que essa ideia se baseia no pressuposto de que a moral é transcendente, ou seja, de que os valores de convivência independem da vontade individual, mas imperam sobre ela. Sob essa ótica, age de forma ética o sujeito que respeita as leis, e de forma antiética, o sujeito que decide contrariá-las. Por conta dessa moral coletiva, algumas coisas são inegociáveis para o convívio social. Portanto, este é o **imperativo categórico**: algo que se impõe ao livre arbítrio da razão humana e faz com que as pessoas naturalmente assumam atitudes benéficas à convivência social como um dever.

Desse modo, em Kant (2003), a ação humana está submetida a uma moral universal que viabiliza a convivência. Sem ela, não teríamos nos constituído como seres civilizados, pois os deveres que imperam sobre nossas vontades nos afastam da animalidade, da irracionalidade e dos instintos. Nesse sentido, o sujeito racional tem uma predisposição a ser ético, pois os imperativos categóricos fornecem diretrizes para o uso da razão no domínio dos instintos e na promoção das atitudes desejáveis para o convívio social. Se não houvesse essa predisposição, jamais teria havido sociedade, civilização, convívio cooperativo entre grupos.

Portanto, a ética kantiana, base da ética moderna, ergue-se sob o pressuposto de que o ser humano tende a tomar decisões que lhe permitem viver em sociedade, pois há uma moral que impera sobre suas vontades individuais. Assim, somos éticos quando respeitamos esses deveres, os quais ninguém deveria contrariar, e somos antiéticos quando agimos de forma contrária à moral coletiva, cujo dever se impera naturalmente em nossa convivência.

Vamos ilustrar o que estamos mencionando por meio de uma situação hipotética: imagine que você está caminhando numa rua movimentada de sua cidade. Você perdeu a hora de acordar em função do cansaço do dia anterior e caminha apressadamente, pois precisa chegar ao trabalho sem atraso. Nessa pressa, você nota que ocorreu um atropelamento muito próximo de onde você está. O condutor do veículo foi antiético e não parou para prestar socorro à vítima, ou seja, agiu contra um dever que impera sobre seu julgamento individual. Você observou tudo e agora tem de tomar uma decisão sobre como agir nesse momento. Qual seria sua decisão nessa situação? Ignorar um dever de ajudar uma pessoa com risco de vida e chegar pontualmente no seu trabalho para organizar as suas pendências do dia anterior? Ou prestar socorro àquela pessoa vítima do acidente? Pois é, o dever imperativo nesse caso, ou seja, inquestionável, é que você preste ajuda à vítima. Numa escala de importância, o fato que você está presenciando não pode ser posto como segundo plano. Ainda que, por instinto de cumprir as rotinas, você se inclinasse a decidir chegar pontualmente no trabalho, ajudar a pessoa que necessita de cuidados se apresenta como um dever inegociável em nossa cultura.

Agora, imagine outra situação: você vê uma cena de perseguição entre duas pessoas comuns, em que uma pessoa está armada e a outra corre pedindo socorro. A pessoa em fuga se aloja em um beco próximo a você e lhe diz: não conte que eu estou aqui. Em seguida, passa o perseguidor em fúria e pergunta para onde foi o fugitivo. Você mentiria para salvar a vida de alguém? Como o ato de falar a verdade corresponde a um imperativo categórico, ou seja, um dever absoluto acima do julgamento individual, você teria de dizer onde o sujeito em questão se escondeu. Mas você não sabe quem são eles, nem o agressor nem o fugitivo. Note, então, que a ética kantiana não fornece respostas definitivas para a convivência em sociedade, uma vez que um código moral fixo pode levar a sérias consequências – como, nesse caso, à morte de alguém.

Sem se prender a essas provocações propositivas, perante um dilema prático do cotidiano, como decidir o que deve ser feito? Sem acordos coletivos, os problemas práticos mais simples acabam gerando consequências importunas (Habermas, 1989).

> [...] os problemas têm sempre algo de objetivo; somos confrontados com problemas que vêm ao nosso encontro. Esses mesmos problemas têm uma força definidora de situação (*eine situationsdefinierende Kraft*) e requerem, por assim dizer, nosso espírito segundo a própria lógica deles. Não obstante, se a cada instante seguissem sua própria lógica, que não teria nenhum contato com a lógica do problema seguinte, toda nova espécie de problema puxaria nosso espírito numa outra direção. (Habermas, 1989, p. 19)

Habermas (1989) sustenta que, para manter um bom convívio social, não basta redigir um código de conduta fixo, pois a sociedade passa por constantes transformações e, com isso, mudam as concepções do que é aceitável ou não. Ainda que fosse elaborado um complexo conjunto de regras, para que todos o tomassem como referência fixa de amparo às decisões práticas, em pouquíssimo tempo tais regras já estariam desatualizadas e resultariam em novos dilemas éticos.

Para Habermas (1989), os acordos de convivência devem ser construídos dialogando com a tradição, buscando argumentos válidos de acordo com o que a cultura nos oferece. É importante que tais acordos possam ser questionados e problematizados a qualquer momento, para que, assim, seja possível construir o futuro enquanto projeto sempre inacabado, passível de revisão e de reavaliação dos valores que o sustentam. Portanto, em Habermas, a ética é tratada como sendo um acordo de convivência que, para ser legítimo, necessita que seja construído sob uma ação comunicativa, sem manipulações ou assimetrias de poder.

Reconhecendo que o projeto iluminista para a modernidade trouxe consequências severas à liberdade das pessoas, Habermas aposta na razão comunicativa como possibilidade de reconstrução desse projeto. Nesse sentido, é evidente que há uma diferença entre os posicionamentos de Habermas (1989) e Kant (2003): os deveres tratados como imperativos categóricos não são transcendentes ao ser humano, isto é, dependem dos sujeitos para que existam, e as referências morais e de ética são problematizadas e construídas *in loco* nas interações sociais do mundo da vida. Mais uma vez, Habermas demonstra sua íntima ligação com o projeto de uma teoria crítica da sociedade de Frankfurt, pois problematiza o *status quo* e elabora um meio para a conquista da emancipação via ação comunicativa.

6.2
Ação comunicativa e democracia

Decidir os acordos de convivência sob a ação comunicativa consiste na construção da moral e da ética de forma participativa. Atualmente, a democracia é tomada como indispensável no direito e na política, e sua virtuosidade se deve também à sua orientação consensualista (Bôas Filho, 2013). Dentre as muitas abordagens que exploram essa forma de organização social, o interesse de Habermas (2012; 1997) evidencia o potencial da ação comunicativa na construção de uma sociedade autogerida, ou de uma democracia deliberativa, como saída emancipatória para solucionar os problemas da sociedade moderna.

Não percamos de vista que Habermas tem um propósito central: criar uma teoria capaz de instrumentalizar a mudança social e promover o fim das dominações. Sob a constatação de que o mundo da vida está coagido pelos sistemas econômico e administrativo, ele busca identificar como podemos libertar a comunicação do mundo da vida da influência dominadora de tais sistemas. Com isso, o autor apresenta as vias da democracia para a promoção da liberdade do ser humano por meio da comunicação nas relações sociais sem coerções sistêmico-estruturais.

O sistema econômico se estrutura em função dos interesses privados e, atualmente, opera na lógica do mercado liberal sob constante intenção de maximização de lucros. Notamos a influência desse sistema de poder quando percebemos que a comunicação nas interações sociais ocorre com a intenção de instrumentalizar o outro em função da busca pela maximização do lucro, ou seja, a comunicação ocorre com o intuito de ludibriar, omitir e persuadir em função da obtenção de uma vantagem econômica.

O sistema administrativo estrutura o Estado e acaba deformando o mundo da vida, onde ocorrem as mais sinceras interações sociais. A racionalização e a burocratização da administração dos estados se constituíram como instrumentos que invadem o mundo da vida e cerceiam a liberdade, em troca de assistências paliativas para problemas sociais gerados pelo sistema econômico (Habermas, 1984).

Assim, no capitalismo maduro, ou seja, o capitalismo pós-Segunda Guerra Mundial, Estado e economia formaram um sistema integrado e colaborativo entre si e colonizaram o mundo da vida (Habermas, 1984). Desse modo, as pessoas se tornaram resignadas, isto é, conformadas com a condição de dominadas pelo sistema, abrindo mão da liberdade em troca das benesses fornecidas pelo Estado para compensar os problemas gerados pelos sistemas econômicos. O mundo se tornou totalmente administrado (Adorno; Horkheimer, 1985) e, como consequência, houve a deformação do mundo da vida (Habermas, 2012).

Entre o sistema e o mundo da vida, Habermas (2012; 1984) identifica o **espaço público**, esfera em que os interesses privados e do Estado podem ser tratados abertamente. Nesse espaço, a comunicação pode, potencialmente, acontecer de forma livre de coerções e sob uma dinâmica em que todas as declarações e proposições, ou seja, todas as afirmações com pretensão de verdade, sejam problematizadas na busca de um consenso. Em linhas gerais, essa forma de organização se configura como um modelo democrático deliberativo. Nesse sentido, Habermas aponta que a mudança social pode provir de estruturas já existentes. Mas o autor menciona que, talvez, pelo desequilíbrio entre os sistemas, a comunicação no espaço público acaba se subordinando de forma desequilibrada à economia ou ao Estado. A democracia deliberativa, ou seja, onde as decisões são tomadas sob uma ação comunicativa, representa uma saída possível para a modernidade e para a eliminação dos seus efeitos colaterais indesejados.

Como sustentado, a ação comunicativa representa uma real possibilidade de mudança social. Diferentemente da abordagem marxista ortodoxa – que via na Revolução Proletária a única possibilidade de acelerar a história e diminuir as consequências do capitalismo –, Habermas assume a mesma postura crítica em relação à realidade e aponta que a mudança das instituições é possível pela ação comunicativa sob o delineamento de uma sociedade democrática, já aspirada pelas sociedades atuais. Nesse sentido, mais do que uma mudança imposta por meio de uma revolução, o fim da dominação social pode ser obtido pela postura orientada pelo consenso, num espaço público de debate em que não importa quem é o falante, mas sim qual é a força do seu argumento.

O espaço público pode ser interpretado como um lugar simbólico, representando um ambiente ao qual todos podem ter acesso e no qual há a possibilidade de se expressar. Em tese, o próprio Estado possui alguns fóruns de debate que deveriam amparar as discussões no Congresso Nacional. Mas as restrições impostas para a participação nos debates evidenciam que quem decide quem participa ou não promove a restrição à livre problematização em função de uma pauta político-econômica. O espaço público numa democracia precisa ser inclusivo, e não restritivo. É pela liberdade que as verdades podem ser obtidas às claras, em vez de serem formuladas por poucos para legitimar seus interesses, alheios à coletividade.

> Os espaços virtuais construídos pela internet representam uma possibilidade em potencial para a constituição de espaços públicos de debate. A virtualização da participação pode romper com distâncias e potencializar a ação comunicativa entre agentes sociais, com uma postura orientada para o consenso numa democracia deliberativa (Medeiros, 2013).

6.3
O papel da ação comunicativa na concepção dos direitos humanos

Quando falamos em *direitos humanos*, referimo-nos a um conjunto de propósitos muito recentes que visam universalizar direitos fundamentais da condição humana, independentemente de raça, nacionalidade, religião, orientação sexual etc. Trata-se, pois, da construção de normas fundamentais que devem ser observadas para que não se repitam catástrofes sociais históricas. Desse modo, a ação comunicativa se revela como um elemento fundamental na construção desses acordos de convivência globais, em que a comunicação livre de assimetrias de poder pode reduzir as violências instituídas pela racionalidade administrativa e pelo poder econômico manifestados nos conflitos internacionais do século XX. A utilização dos espaços públicos de debate para a elaboração de uma legislação que zele pelos direitos do ser humano instrumentaliza a construção de uma sociedade mais justa e participativa.

Como apreciado por Habermas (1997), se a moral não é algo metafísico, transcendente ou superior à razão humana como propusera Kant (2003), a forma como vamos nos organizar para conviver pacificamente e construir vias para a liberdade e igualdade entre as pessoas terá de ser negociada até se atingir um consenso que constitua nossa moral – ou seja, será produto das reflexões sobre o que nos ampara a agir de forma justa na convivência social. Habermas se refere a essa forma de organização como um acordo intersubjetivo, isto é, que faz sentido a todos os envolvidos. Assim, uma via possível para a construção e a garantia de direitos do ser humano é o exercício de um direito fundamental: a participação social e política por meio da livre comunicação (Habermas, 1997).

Uma iniciativa nesse sentido aconteceu após as atrocidades das guerras mundiais do século XX. À busca de um consenso entre as nações sobre os direitos universais do ser humano, foram declaradas diretrizes universais aos países-membros da Organização das Nações Unidas (ONU) com a finalidade de evitar que aquelas formas de violência contra os seres humanos voltassem a se repetir na história (Comparato, 2003). Essa legislação universal resultou de um debate promovido a partir das reflexões de uma sociedade global que presenciou as agressões à dignidade humana em função de raça, nacionalidade e religião durante as guerras mundiais.

Em 10 de dezembro de 1948, a ONU anunciou a publicação da Declaração Universal dos Direitos Humanos (DUDH), marco histórico que representou um consenso entre os países signatários a respeito dos direitos humanos universais. Esse documento apresenta valores universais inegociáveis pelo juízo individual, estabelecendo um freio ao relativismo cultural sobre a dignidade e o valor da pessoa humana. Por meio dessa declaração, composta por 30 artigos, foram dispostas leis universais em defesa da igualdade e da liberdade dos seres humanos.

O artigo I da DUDH, por exemplo, estabelece a liberdade e a igualdade como um direito humano fundamental: "Todos os seres humanos nascem livres e iguais em dignidade e direitos. São dotados de razão e consciência e devem agir em relação uns aos outros com espírito de fraternidade" (ONU, 2009, p. 4). O artigo XIX garante um direito necessário à construção da democracia por meio da ação comunicativa: "Todo ser humano tem direito à liberdade de opinião e expressão; este direito inclui a liberdade de, sem interferência, ter opiniões e de procurar, receber e transmitir informações e ideias por quaisquer meios e independentemente de fronteiras" (ONU, 2009, p. 10-11).

Desse modo, ainda que em estado latente, existe a garantia jurídica de se expressar por meio de um processo de comunicação sem coerções dos poderes administrativo e econômico. Esse direito, ainda que sob a forma de um propósito declarado, corrobora com a ideia de construção de uma democracia deliberativa de Habermas (1997), em que a sociedade civil, mediante o direito de se expressar, pode exercê-lo nos espaços públicos com a finalidade de formular uma legislação legítima, decidindo seus acordos de convivência em seus próprios contextos, sem ultrapassar os limites delineados pelos direitos universais do ser humano acordados na DUDH desde 1946.

Após as disposições desse histórico marco normativo, foi constituída a Comissão de Direitos Humanos da ONU, composta por 54 Estados. Essa comissão foi incumbida de uma dupla função: a promoção e a proteção da dignidade humana no mundo. Em 1993, foi criado o posto de Alto Comissário das Nações Unidas para os Direitos Humanos, com o objetivo de assegurar ações concretas para promover e proteger os direitos humanos universais entre os países-membros (Comparato, 2003). A comissão tem a atribuição de investigar denúncias de situações que violam os direitos humanos. Para que uma denúncia seja recebida, é necessário que não seja anônima, que tenham sido esgotados os recursos legais do país onde aconteceu o fato e que o processo não esteja sob condução de outro procedimento internacional (Comparato, 2003).

O elemento fundamental para o estabelecimento de um código que exprime objetivamente os direitos fundamentais do ser humano é a constituição de um instrumento legal entre os Estados-nações membros da ONU pelo qual são acordadas as normas conforme a moral construída historicamente, bem como as sanções aos países que as infringirem.

A possibilidade de decidir os acordos de convivência decorre de uma postura voltada para o consenso nos debates ocorridos nos espaços públicos. É importante ressaltar que, para Habermas (1997, p. 58), a "liberdade comunicativa só existe entre atores sociais que desejam se entender entre si e se predispõem a justificar suas posições para que sejam válidas para o outro". Portanto, não basta haver garantias legais para a expressão e a argumentação sobre diretrizes comuns; acima de tudo, é necessário que haja disposição de se orientar para o consenso, uma vez que, se o debate ocorre para evidenciar as divergências, dificilmente produzirá acordos. Consequentemente, não haverá mudança social, apenas a amplificação das deformidades do mundo da vida causadas pelos poderes econômico e político.

Nesse sentido, a democracia, condição necessária para o zelo pelos direitos humanos, é fruto do uso da liberdade em busca de consenso:

> Ela começa com a aplicação do princípio do discurso ao direito a liberdades subjetivas de ação em geral [...] e termina quando acontece a institucionalização jurídica de condições para um exercício discursivo [...]. Por isso, o princípio da democracia só pode aparecer como um núcleo de sistema de direitos. A gênese lógica desses direitos forma um processo circular, no qual o código do direito e o mecanismo para a produção de direito legítimo, portanto o princípio da democracia, se constituem de modo cooriginário. (Habermas, 1997, p. 159)

A iniciativa de uma governança global se aproxima do propósito de dar voz aos países para que deliberem sobre o futuro global em colegiado, ou seja, com a representação de todos os países-membros. Na época da fundação da ONU, eram 51 países, ao passo que hoje esse número subiu para 193 (ONUBR, 2018). Entretanto, cabe ressaltar as barreiras para que as decisões sejam tomadas livres dos poderes político e econômico: o conselho diretor é formado por dez países que se alternam a cada dois anos e por cinco países-membros permanentes que gozam do poder de veto das decisões do colegiado. A livre comunicação, portanto, está, de certo modo, prejudicada em função da disparidade de poderes, resultando no estabelecimento de decisões ou verdades cujo mecanismo decorre do exercício do poder, e não da força do argumento apresentado.

Nesse sentido, a aprovação do texto da DUDH, apesar de ter sido obtida por ampla maioria, não contou com a participação da Arábia Saudita e da África do Sul. Além disso, os debates foram omissos aos abusos cometidos pelo regime soviético e pelas potências ocidentais. Entretanto, mesmo com essas barreiras à ação comunicativa plena, a aprovação retomou os ideais da Revolução Francesa, a liberdade, a igualdade e a fraternidade entre os homens, e com isso possibilitou uma ação introdutória de um esforço sistemático de conscientização e de proteção ao ser humano (Comparato, 2003).

Sabemos que em muitos países signatários da DUDH os direitos que nela constam não são respeitados. Mas é preciso considerar que os direitos humanos existem como um norte, um mecanismo indutor, para que, ainda que sejam desrespeitados, não tenhamos dúvidas do que são necessários para cumprir com os acordos de convivência estabelecidos.

No Brasil, a Constituição de 1988 está em consonância com a DUDH. Já nos primeiros artigos, o texto legal demonstra se fundamentar na dignidade da pessoa humana, com o propósito de erradicar a pobreza e reduzir a desigualdade, sob o princípio de que todos somos iguais perante a lei (Brasil, 1988). Além disso, os programas nacionais foram incentivados pela Conferência Mundial de Direitos Humanos de Viena, em 1993.

O primeiro Programa Nacional de Direitos Humanos (PNDH) foi lançado no Brasil em 1996, e o segundo (PNDH II), em 1999, ambos durante o governo de Fernando Henrique Cardoso (FHC). Mais tarde, por conta do Decreto n. 7.037, de 21 de dezembro de 2009, durante o governo Lula, foi anunciado o

Terceiro Programa Nacional de Direitos Humanos (PNDH-3) (Adorno, 2010). Este último, ainda vigente em 2018, está estruturado sob seis eixos orientadores de diretrizes: (i) interação democrática entre Estado e sociedade civil; (ii) desenvolvimento sustentável e direitos humanos; (iii) universalização do direito no contexto das desigualdades sociais em que se encontra o Brasil; (iv) redução da violência e desenvolvimento de políticas de segurança pública; (v) papéis da cultura e da educação na garantia e na promoção dos direitos humanos; (vi) a verdade e a memória como direitos humanos e deveres do Estado (Brasil, 2009a).

Ao analisar a repercussão do PNDH-3, Adorno (2010) afirma que, no Brasil, durante décadas, foram atribuídos comentários pejorativos às políticas afirmativas dos direitos humanos. No senso comum, por muito tempo, os direitos humanos significaram direitos a bandidos. Infelizmente, ainda hoje, com relativa facilidade, tal visão é manifestada em discursos de políticos e nas redes sociais. Esses infelizes posicionamentos ignoram que as diretrizes do PNDH-3 estão pautadas na DUDH, que, por sua vez, constitui a espinha dorsal da Constituição Federal de 1988, considerada a *Constituição Cidadã* (Adorno, 2010).

As estruturas da democracia têm mecanismos latentes de transição para a emancipação social, ou seja, elementos que permitem vislumbrar a existência da possibilidade do exercício da liberdade e da promoção dos debates sociais nos espaços públicos. É isso que Habermas (1997) argumenta como possibilidade para que a ação comunicativa permita a descolonização do mundo da vida. Nesse sentido, Habermas (2012) não pode ser considerado um idealista ao depositar esperanças na salvação do projeto da modernidade, pois o filósofo argumenta a favor de uma mudança radical por meio do aproveitamento do que há de melhor em potencial na realidade. Desse modo, partindo do que é possível, o autor oferece uma teoria emancipatória como meio para romper com as estruturas de dominação que impedem a ação comunicativa de ser o motor da democracia deliberativa na promoção dos direitos humanos.

A DUDH, a Constituição de 1988 e o PNDH-3 estão estruturados de forma a promover a garantia do direito de liberdade, condicionante para a ocupação dos espaços públicos de debate. Portanto, a construção dos acordos de convivência de uma democracia depende da existência de um subsistema especializado nas decisões que agregam algo à coletividade. Nesse sentido, a constituição de um Estado administrativo na forma do direito se aproxima dessa necessidade. Assim, no Estado de direito, a legislação deve ser um mecanismo possível de complemento àquilo que é de consenso social, afirmando-o por meio da lei (Habermas, 1997). Mas a democracia se consolida apenas quando os cidadãos, sob livre formação de opinião e vontade, formulam os acordos de convivência por meio da ação comunicativa e a eles se submetem (Habermas, 2001).

6.4
Democracia: maioria, minorias e ação comunicativa

As esperanças de transformação social para a redução da desigualdade e a promoção da liberdade parecem criar vínculos com a ideia de democracia. Entretanto, podemos notar que a democracia representativa, em muitas esferas sociais, ainda não conseguiu superar a desigualdade estrutural, tanto em termos quantitativos quanto qualitativos. Em termos qualitativos, ela se revela incapaz de ser inclusiva e tolerante às diversidades da população (Carmo, 2016). Como promover a redução da desigualdade do contexto democrático? Nesse sentido, a construção da democracia deliberativa, pautada na comunicação voltada para o consenso, na prevalência do argumento, e não das coalisões de poder, faz da perspectiva habermasiana um potencial latente para a emancipação social no contexto do Estado democrático de direito.

Antes de mais nada, vamos compreender a quem nos referimos quando utilizamos o termo *minorias*. Quem são as minorias? Preliminarmente, elas podem ser compreendidas em termos quantitativos, ou seja, trata-se, literalmente, de uma população em menor quantidade. Nesse grupo, podemos identificar, por exemplo, os indígenas, a população LGBT (lésbicas, gays, bissexuais e transexuais), os portadores de deficiência etc. Mas, ao pé da letra, sob o mesmo critério, temos que nos referir às pessoas das classes média e alta e, também, à população branca como minorias, pois os indivíduos desses grupos representam menos da metade da população brasileira. Logo nos damos conta de que, quando falamos de *minorias* no contexto social, não nos referimos a termos quantitativos. Por isso, para uma compreensão mais adequada do termo, precisamos delimitá-lo melhor.

> Ao nos referirmos a *minorias*, talvez seja melhor considerarmos os grupos que, embora possam ser numerosos na população, são desproporcionalmente representados na esfera pública. O termo *minorias* também pode ser compreendido como uma metáfora, remetendo ao sentido de submissão a grupos dominantes. Dessa forma,

> as minorias podem ser todos os grupos inferiorizados por uma hegemonia mediante o exercício de poder, a discriminação e, principalmente, o cerceamento de sua voz nas decisões públicas e no exercício da cidadania pautada no princípio da igualdade.

Tomemos a composição da Câmara Federal no Brasil: dos deputados federais eleitos para exercer o mandato entre 2015 e 2018, 80% se declararam brancos (Macedo, 2015). Esse índice contrasta com uma população de maioria não branca (negros, pardos e indígenas). Além disso, esse índice não significa baixa intenção de participação no processo eleitoral: 57% dos candidatos eram negros ou pardos, mas apenas 20% foram eleitos (Macedo, 2015).

Desse modo, acompanhe a definição de minoria adotada por Paula, Silva e Bittar (2017, p. 3842):

> [...] minoria refere-se a um grupo humano ou social que esteja em uma situação de inferioridade ou subordinação em relação a outro, considerado majoritário ou dominante. Essa posição de inferioridade pode ter como fundamento diversos fatores, como socioeconômico, legislativo, psíquico, etário, físico, linguístico, de gênero, étnico ou religioso. Em outras palavras, minorias são "um grupo não dominante de indivíduos que partilham certas características nacionais, étnicas, religiosas ou linguísticas, diferentes das características da maioria da população". Ou, também, são "todos os grupos sociais que são considerados inferiores e contra os quais existe discriminação".

Considerando a desigualdade estrutural que cria grandes grupos de vulneráveis, podemos melhor compreender que o termo *minorias* não corresponde necessariamente a termos quantitativos, mas, principalmente, qualitativos:

grupos sem voz e sem representatividade, cujo exercício da cidadania (gozar a plenitude de seus direitos constitucionais, como educação, trabalho, saúde e lazer) é castrado por uma estrutura social disfuncional sob o ponto de vista da promoção de igualdade.

Sem representação consolidada, as minorias ficam à mercê de conjunturas políticas. Elas são incluídas e excluídas conforme o jogo político, até que algumas das diretrizes de políticas públicas são incorporadas à legislação (Paula; Silva; Bittar, 2017). Isso faz com que algumas dessas populações tenham o mínimo amparo legal contra as discriminações e exclusões resultantes do monopólio dos poderes político e econômico, concentrados em alguns estratos privilegiados que submetem as minorias vulneráveis aos seus interesses.

As políticas públicas representam iniciativas tomadas por decreto para a redução das desigualdades. Muitas delas, de caráter paliativo, apenas evitam a continuidade da agressão à dignidade humana, sem, no entanto, representarem possibilidades de emancipação social e saída definitiva da condição de vulnerabilidade em que as minorias se encontram. Mas precisamos reconhecer que todas as intervenções que vão em direção à DUDH são positivas, pois estão em consonância com o maior tratado já feito para a promoção da dignidade e da redução das desigualdades entre os seres humanos.

> É na dialética da igualdade jurídica e desigualdade fática que se fundamenta a tarefa do **Estado social** de atuar no sentido de garantir as condições de vida – em termos sociais, tecnológicos e ecológicos – que tornam possível um uso igualitário dos direitos civis divididos de modo igual. O intervencionismo do Estado social, fundamentado na própria Constituição, expande

> a auto-legislação democrática dos cidadãos de um Estado nacional no sentido de uma autocondução democrática de uma sociedade definida como Estado nacional. (Habermas, 2001, p. 83-84, grifo do original)

Independentemente de qual grupo minoritário esteja em questão, bem como da proporção de minorias em determinada população, cada ser humano tem direitos fundamentais e universais zelados pela DUDH, a fim de garantir a integridade e a dignidade. Portanto, é inegociável, por fazer parte de um acordo de convivência global, garantir condições dignas de vida para todo ser humano. Assim, um sujeito pode, se julgar necessário, apelar à ONU para denunciar e reivindicar tais direitos caso lhes sejam negados em seu país, obtendo amparo do órgão até mesmo para a obtenção de exílio, caso o país violador não cumpra com os compromissos pactuados entre os signatários da DUDH.

Influenciados pela obra de Habermas, reconhecemos que as ações mais efetivas são aquelas que possibilitam a participação dos grupos minoritários nas tomadas de decisão sob a orientação para o consenso, com força de argumentação e menor influência das assimetrias de poder. Habermas (1984) acredita que a democracia apresenta um potencial latente para a emancipação, ou seja, que ainda não foi utilizado a ponto de promover as mudanças sociais estruturantes de uma sociedade livre de dominações. Portanto, a única prescrição feita por Habermas (1997; 2012) é a necessidade de se comunicar de forma livre, assumindo uma postura orientada para a busca do consenso. Ante os problemas sociais contemporâneos, o autor apresenta um instrumento teórico capaz de promover mudanças sociais sem prescrevê-las, com o intuito de dar voz às minorias para que elas obtenham consensos.

A Teoria da Ação Comunicativa (TAC) é capaz de desvelar discursos que agem estrategicamente para manter privilégios. Poder político e dinheiro se fundem em um só sistema que administra totalitariamente o mundo da vida, deformando-o e colonizando-o (Habermas, 2012). A TAC instrumentaliza as minorias para perceber interesses particulares discursados como se fossem coletivos. Pela evidência da contradição, ela permite que sejam apresentados argumentos e contra-argumentos em busca de uma síntese consensual para a dialética da desigualdade.

6.5
A desigualdade sustentada por preconceitos de gênero e de orientação sexual no Brasil

Ao longo desta obra, debatemos que as relações sociais podem sustentar diversas formas de preconceitos, ainda que de forma inconsciente ou velada. A forma como as pessoas se comunicam revela suas visões de mundo. São pontos de vista que se sustentam em ideologias, ou seja, conjuntos de ideias formadas de contextos históricos próprios e que se materializam na forma com que a sociedade se estrutura em cada época (Ricoeur, 1990). Nesse sentido, destacamos que os preconceitos de gênero e de orientação sexual atravessaram o século XX e ainda hoje se fazem presentes no cotidiano de alguns grupos.

Mesmo com os avanços na conquista por igualdade, na atualidade ainda podemos perceber a herança de preconceitos secularizados que conferem poderes e privilégios mais aos homens do que às mulheres (Casagrande; Carvalho; Luz, 2011). Sob uma perspectiva habermasiana, o espaço público de debate pode ser um instrumento de transformação social via comunicação, sendo necessário assegurar uma voz representativa às mulheres e à população LGBT para que suas demandas sejam apresentadas, debatidas e solucionadas de forma equitativa.

As categorias gênero e orientação sexual estão inter-relacionadas e ganharam notoriedade tanto após o movimento feminista quanto em sua inserção nas pesquisas acadêmicas do campo sociológico (Casagrande; Carvalho; Luz, 2011). Os dados relacionados a gênero que aqui serão apresentados se referem aos sexos masculino e feminino em termos fenotípicos e à sua relação com as violências e desigualdades existentes entre ambos os sexos. Em seguida, serão analisadas manifestações de violência e desigualdades sociais associadas à orientação sexual e a transgêneros.

Em 1979, a ONU aprovou a Convenção sobre a Eliminação de Todas as Formas de Discriminação contra a Mulher, ratificada pelo Brasil em 1984. No documento, foram reafirmadas a igualdade entre homens e mulheres, a obrigação dos Estados na garantia de direitos iguais, a busca pela promoção do respeito e da dignidade humana e o fomento à participação feminina na vida pública, política e cultural (Casagrande; Carvalho; Luz, 2011).

O princípio da igualdade também foi reafirmado pelo art. 5º da Constituição Federal de 1988 e, em 2006, foi sancionada a *Lei Maria da Penha*, que levou esse nome em homenagem a uma vítima de violência doméstica. A aprovação de tal lei representou uma resposta do Estado aos altos índices de violações dos direitos das mulheres. Entretanto, o preconceito e a violência contra a mulher são notáveis na sociedade brasileira ainda nos dias atuais. No ano de 2016, mais de um milhão de processos relacionados à violência contra a mulher tramitaram na justiça brasileira. Ademais, o mapa da violência, publicado em 2015, "situou o Brasil na 5ª pior posição no *ranking* de países com maior índice de homicídios de mulheres: 4,8 assassinatos a cada 100 mil mulheres" (CNJ, 2017, p. 42).

É preciso considerar que um ato discriminatório é um mecanismo de manutenção de desigualdade social (Casagrande; Carvalho; Luz, 2011). Principalmente a partir do século XX, a luta por igualdade e cidadania levou as mulheres a conquistarem maior espaço no mercado formal de trabalho. Mas a atribuição dos afazeres domésticos às mulheres segue sendo um elemento importante que contribui para a atual situação de desigualdade de gênero (IBGE, 2018).

Apesar dos grandes avanços, os dados estatísticos do Instituto Brasileiro de Geografia e Estatística (IBGE, 2018) apontam que a sociedade brasileira apresenta notável desigualdade socioeconômica entre homens e mulheres. No ano de 2016, entre pessoas com 25 anos ou mais, 13,5% dos homens e 16,9% das mulheres tinham formação superior. Entretanto, no mesmo ano, os homens ganhavam em média R$ 2.306,00, enquanto as mulheres recebiam R$ 1.764,00 (IBGE, 2018).

A participação das mulheres em cargos públicos também ainda é bastante desproporcional. Em 2016, no congresso, havia apenas 16% senadoras e 10,5% deputadas federais. O parlamento brasileiro era mais desigual que em alguns países latino-americanos, como a Bolívia, que no mesmo ano tinha 53,1% do parlamento ocupado por mulheres, a Argentina, com 38,1%, e o Equador, com 38%. Ademais, ainda em 2016, entre 28 cargos de ministros de Estado, apenas dois eram representados por mulheres (IBGE, 2018).

Notamos que a desproporção das mulheres na participação na vida pública e política dificulta que elas tenham seus interesses diretamente representados. Desse modo, a reversão dos dados de desigualdade de gênero apresentados nas pesquisas do IBGE (2018) se torna mais difícil, uma vez que as mulheres não conseguem participar de forma equitativa nos debates do Legislativo e nas decisões do Executivo para a promoção de políticas públicas capazes de mitigar a desigualdade de gêneros de forma mais acelerada do que vem acontecendo.

Ainda que ao longo dos últimos anos tenha havido melhoria nos índices de redução de desigualdade de gênero, se a evolução seguir os padrões observados entre 2012 e 2016, levaremos pelo menos mais três décadas para atingir patamares de igualdade de remunerações entre homens e mulheres.

O preconceito, a discriminação e a violência física atingem também a população LGBT. Em 2009, o Ministério da Educação (Brasil, 2009b) divulgou uma pesquisa realizada em 501 escolas em todo o país. Foram ouvidas 18.599 pessoas, entre professores, funcionários, mães, pais e estudantes. A pesquisa salientou que existem três formas de preconceito motivadoras de *bullying*: o estudante ser negro (19% dos entrevistados); ser pobre (18,2%); e ser homossexual (17,4%). Observe, na Tabela 6.1, alguns dados da pesquisa que apresentam o grau de concordância dos grupos em relação a algumas proposições preconceituosas.

Tabela 6.1 Concordância com proposições preconceituosas

Frases/respondentes	Alunos (%)	Pais/Mães (%)
Homossexuais não são pessoas confiáveis	25,2 %	17,5 %
Alunos homossexuais deveriam ser afastados da escola	13,8	7,1
Homossexualidade é uma doença	23,2	28,2
As escolas deveriam demitir os professores homossexuais	18,2	12,2

Fonte: Elaborado com base em Brasil, 2009b, p. 73-74.

A concordância com essas e outras proposições discriminatórias foi consideravelmente inferior entre os funcionários, professores e diretores das escolas pesquisadas. Nesse sentido, o estudo nos mostra que os preconceitos têm raízes mais profundas e não se originam no meio em que as violências são efetivamente praticadas. O preconceito está enraizado nos históricos familiares e nos grupos de convivência que formam o horizonte interpretativo dos estudantes. Manifestações por meio de comentários, perseguições e violência física não são apenas comportamentos desviantes dos estudantes, mas uma herança indesejada que se transmite ao longo de gerações.

Muitos dos estudantes que manifestaram concordância com as proposições preconceituosas reproduzirão isso na idade adulta em seus ambientes de trabalho. Nesse sentido, Barros (2015) lembra que nos ambientes corporativos ocorrem violências explícitas e veladas. As explícitas acontecem às claras, como brincadeiras deselegantes ou utilização de termos pejorativos para se referir a uma pessoa homossexual (nesse caso, pode ocorrer de o funcionário ser demitido, mas o empregador se utilizar de argumentos paralelos para descaracterizar a centralidade da sexualidade como motivo). Outras violências ocorrem de forma ainda mais dissimuladas, como a atribuição de tarefas de complexidade inferior à capacidade do executante, segregação de atividades sociais etc.

De acordo com Bastos, Garcia e Souza (2017, p. 14):
"A homofobia pode ser observada nas piadas, agressões físicas e verbais sofridas nas diferentes situações do dia a dia e na rejeição pela própria família. A atitude homofóbica coloca o outro como estranho, o que não cabe identificação ou proximidade, pois é identificado como anormal".

As vítimas dessa modalidade de preconceito desenvolvem formas de defesa para suportar o convívio com manifestações que podem lhes causar sofrimento psíquico e, até mesmo, a manutenção de suas carreiras:

> Apesar de o estigma independer do fato de o indivíduo ser assumidamente homossexual ou não, pois ele é construído com base na percepção dos outros, há uma tendência entre os *gays* em evitar revelar sua identidade sexual no ambiente de trabalho o máximo possível por conta de pressões sociais e de prévias experiências que os prejudicaram profissionalmente (Irigaray, 2008). Há ainda aqueles que não só não assumem sua identidade sexual como ainda se passam por heterossexuais, simulando envolvimentos amorosos e, até mesmo, casamentos; contudo, esta farsa, muitas vezes, resulta no desligamento da empresa em função da impossibilidade de mantê-la (Woods, 1994). Esta é uma, entre tantas outras possíveis, estratégias de sobrevivência adotadas por esta minoria no ambiente de trabalho. (Irigaray; Freitas, 2013, p. 81)

A lente analítica de Habermas centrada na comunicação como fundadora da realidade social nos permite identificar as violências sociais que se materializam na forma cotidiana da comunicação que apresenta os efeitos colaterais da deformação do mundo da vida. Nas falas preconceituosas, nas formas dissimuladas de causar constrangimento social por meio da comunicação (verbal ou não verbal), cabe questionar: Qual é o objetivo do agressor? Toda forma de violência revela que o sujeito praticante deseja apequenar o violentado utilizando-se, para isso, de aspectos que fragilizam a vítima. Mesmo a comunicação instrumentalizada para causar sofrimento no outro revela a existência de um agressor que está projetando na vítima aspectos reativos compensatórios de sua própria subjetividade, como medos, sentimentos de inferioridade, culpas e repressões em relação aos próprios desejos, na tentativa de resolver no outro aquilo que individualmente lhe causa angústia. Nesse sentido, o agressor utiliza sua vítima para tentar resolver problemas pessoais com os quais não tem maturidade para lidar.

Assim, será pela comunicação livre de constrangimentos, pelo uso racional da liberdade, pela existência de aparatos legais que garantam os direitos da dignidade humana, pela promoção de políticas públicas que promovam o exercício da cidadania de populações vitimadas por preconceitos de gênero e de orientação sexual que conseguiremos, talvez, construir uma sociedade efetivamente mais justa e democrática.

Síntese

Neste capítulo, discutimos que o sentido da palavra *ética*, ao longo dos séculos, foi se transformando. Atualmente, quando falamos em *ética*, referimo-nos às reflexões práticas da moral, ou seja, aos acordos de convivência para que tenhamos uma sociedade pacífica.

Notamos que o sentido atual da ética é fortemente influenciado pelo filósofo alemão Immanuel Kant, que viveu no século XVII. Para ele, o ser humano está sujeito a imperativos morais universais que transcendem os julgamentos individuais e se impõem como deveres sobre o livre arbítrio. Contemporaneamente, percebemos que não basta haver um código de conduta ou de ações; é necessário que as questões práticas que refletem a moral sejam debatidas e que dessa interação se obtenha um consenso a respeito de quais devem ser os acordos de convivência num grupo e numa sociedade.

Em relação a isso, Jürgen Habermas deu grandes contribuições, entendendo que as relações sociais são fundadas na comunicação. Portanto, os acordos de convivência devem ser obtidos pelo entendimento e pelo consenso entre os envolvidos, em que se pesa a força do argumento, e não a posição política ou econômica de quem fala. Com isso, Habermas indica que, para combater as formas de discriminação e preconceito, podemos aproveitar o que de melhor existe na democracia: o debate público.

Também abordamos que os debates entre os países-membros da ONU deram origem à Declaração Universal de Direitos Humanos (DUDH), uma forma de tentar evitar as atrocidades e a violência contra a dignidade humana vistas nos episódios de guerras. Por esse mecanismo, qualquer cidadão que tiver os direitos humanos violados, ao esgotar as instâncias da justiça no país, pode recorrer à Comissão de Direitos Humanos da ONU para buscar amparo e se libertar das condições que infringem os direitos previstos na DUDH.

É importante a conscientização de que os direitos humanos se aplicam aos seres humanos e não devem, sob hipótese alguma, ser relativizados. A história nos mostra que todas as vezes em que o Estado relativizou esses direitos para determinados grupos de seres humanos – por racismo, preconceito de gênero, orientação sexual ou crenças –, o resultado foi trágico: *apartheid* na África do Sul, Holocausto na Alemanha nazista, *one drop rule* nos Estados Unidos da América, escravidão brasileira etc. Todos esses episódios deixaram cicatrizes indeléveis que ainda hoje podem ser notadas, em muitas dimensões, na desigualdade social entre alguns grupos da sociedade.

Nesse sentido, os mecanismos legais para promover garantias da dignidade humana são necessários principalmente para aqueles grupos menos representados nas esferas do poder, chamados *minorias*. A assimetria de poder entre grupos sociais faz com que grandes parcelas da população, como os negros e as mulheres, não tenham representação proporcional no Congresso Nacional. Portanto, é indispensável haver uma legislação para assegurar que as pessoas que ocupam o poder não ajam em função do interesse apenas de seus gêneros, estratos étnicos, sociais ou econômicos. Da mesma forma, faz-se necessário que grupos minoritários da sociedade, como indígenas e a população LGBT, sejam igualmente respeitados, para que os interesses da maioria da população não suprimam seus direitos individuais e a igualdade de oportunidades.

Com relação a esse aspecto, a comunicação não distorcida e livre de coerções é um caminho possível para a construção de uma sociedade mais justa e igualitária. em que os acordos são obtidos democraticamente, sem que grupos minoritários da população ou minorias em representação tenham menos direitos do que os estratos sociais mais privilegiados de nossa sociedade.

Estudo de caso

Refugiados e xenofobia: possibilidades habermasianas para a redução dos conflitos

Nos últimos anos, temos observado uma acentuação de fluxos migratórios de nações em crise (política, econômica e/ou social) em vários pontos do planeta. As histórias de grupos refugiados de guerra, de regimes totalitários e de países em colapso econômico têm ganhado as manchetes de noticiários nacionais e internacionais. Com as ondas de imigração, também surgiram episódios de xenofobia mundo afora. Enfrentar e desarticular relações sociais mediadas por violência parece ser um dos desafios contemporâneos.

Na Europa, inúmeros países recebem imigrantes vindos de países do Oriente Médio em conflito, em especial aqueles que fogem do atual conflito armado na Síria. Devido ao grande fluxo de pessoas chegando, governos e organizações não governamentais vêm estruturando campos de refugiados, espaços provisórios destinados àqueles que deixaram seus países em razão de conflitos armados e crises políticas. Nesses locais, são oferecidos alguns cuidados básicos para minimizar os riscos à integridade dessas pessoas.

A União Europeia vem elaborando diretrizes para o acolhimento desses refugiados (Comissão Europeia, 2017). Nesse debate, há grupos que defendem o acolhimento dessas pessoas como forma de ajuda humanitária, bem como aqueles que impõem restrições ou, até mesmo, proíbem a entrada dessas pessoas em seus domínios (Baczynska; Barkin; Lough, 2018). Enfim, há o seguinte questionamento: Negar ajuda humanitária em defesa dos interesses nacionais ou acolher refugiados arcando com os custos de ampliação de oferta de serviços públicos? O que deveria caminhar para a busca de um consenso tem se revelado um dilema de dimensões geopolíticas continentais que coloca em risco a possibilidade de os refugiados encontrarem uma forma de recomeçar suas vidas.

Recentemente, o Reino Unido realizou um plebiscito interrogando seus cidadãos para amparar a decisão sobre a permanência ou não dos refugiados na União Europeia. Entre vários motivos que mobilizaram os votantes, pesou a questão sobre a autonomia do Estado em decidir sobre políticas de imigração em seus territórios. Em 28 de junho de 2016, a BBC Brasil veiculou uma reportagem em que constava uma imagem de pessoas se manifestando contra imigrantes, com um cartaz com a seguinte frase: "Pare a imigração e recomece a repatriação" (BBC Brasil, 2016). Episódios como esse revelam uma forma de violência contra pessoas que já se encontram em situação vulnerável. Tais formas de manifestação mais fomentam a xenofobia do que amparam a busca de consenso sobre uma solução razoável para que aquelas pessoas tenham seus direitos humanos preservados.

No Brasil, também temos vivenciado situações de fluxo de refugiados vindos da Venezuela que, fugindo da crise econômica que assola aquele país, buscam aqui alguma oportunidade para viver com dignidade. Entretanto, essa situação também tem gerado conflitos políticos e sociais. Em agosto de 2018, civis da cidade de Pacaraima, em Roraima, atearam fogo em um campo de refugiados venezuelanos que foram expulsos da cidade (BBC Brasil, 2018). Entre as razões manifestadas, a revolta de populares brasileiros se deu em função de episódios de delitos atribuídos aos venezuelanos e de uma decisão, do Supretmo Tribubal Federal (STF) e do Governo Federal do Brasil, de não fechar a fronteira e continuar a recepção dos refugiados como forma de honrar acordos internacionais de imigração e a DUDH. Confira a reportagem de Rodrigues (2018):

> **Roraima pede ao STF fechamento da fronteira com a Venezuela**
>
> A governadora de Roraima, Suely Campos (PP), anunciou que ingressou hoje (13) com uma ação no Supremo Tribunal Federal (STF) pedindo que a União seja obrigada a fechar, temporariamente, a fronteira com a Venezuela.
>
> Em nota divulgada pelas redes sociais, a governadora justifica a ação afirmando que "para resolver os impactos da migração e proteger o povo de Roraima é preciso que a fronteira seja fechada temporariamente".
>
> "O desequilíbrio social e econômico que essa forte migração está causando em nosso estado não foi previsto em nenhum tratado internacional", argumenta Suely Campos, defendendo que a "excepcionalidade" da situação exige "atitudes mais rígidas".

"A responsabilidade sobre a guarda das fronteiras é do governo federal. Tenho insistido que sejam adotadas ações concretas, mas o que está sendo feito até aqui não atende aos anseios do que o estado precisa", acrescentou a governadora.

Consultada pela **Agência Brasil**, a assessoria do STF confirmou o recebimento da Ação Civil Originária, com pedido de liminar (decisão provisória). A ação ainda vai ser distribuída. Caberá ao ministro sorteado decidir se atende ao pedido de liminar ou se leva o tema à apreciação do plenário.

Refúgio

Dados divulgados pelo Comitê Nacional para os Refugiados (Conare) na última quarta-feira (11) revelam que os venezuelanos são maioria entre os estrangeiros que pedem refúgio ao Brasil. Dos mais de 86 mil pedidos de reconhecimento de refúgio em análise, um terço, ou seja, cerca de 28 mil solicitações são de venezuelanos.

Para o Ministério da Justiça, o crescimento de pedidos de refúgio por parte dos venezuelanos deve-se à crise política e econômica no país vizinho e ao fato de o governo brasileiro ainda não ter definido o tratamento a ser dispensado às pessoas que cruzam a fronteira fugindo da instabilidade. "A questão da Venezuela é muito recente ainda. Há questões que estão sendo analisadas. O Conare ainda não decidiu o caso porque estão tramitando pedidos no comitê", informou o secretário Nacional de Justiça, Luiz Pontel de Souza, durante a apresentação dos dados do Conare.

Na semana passada, o governo federal iniciou o processo de distribuição de imigrantes venezuelanos concentrados em Roraima por outras unidades da federação. O chamado processo de interiorização foi uma estratégia adotada para proporcionar melhores condições aos imigrantes venezuelanos que querem viver e trabalhar no Brasil. Com esse objetivo, o governo federal, com apoio técnico do Alto Comissariado das Nações Unidas para os Refugiados (Acnur) e da Organização Internacional de Migração (OIM), ligadas à ONU, buscou vagas em abrigos de prefeituras, governos estaduais e na sociedade civil para receber os imigrantes. [...]

Conectas

Para Camila Assano, coordenadora de programa da Conectas, ONG que acompanha a situação dos venezuelanos em Roraima, o pedido de fechamento de fronteiras é um "disparate". "É uma iniciativa que vai na contramão dos que se empenham para encontrar uma solução satisfatória para o fluxo migratório. Não leva em consideração nem mesmo a dimensão geográfica da fronteira com a Venezuela, que é seca e extensa. Além disso, é uma medida que, se implementada, seria desumana, pois aumentaria o sofrimento humano e estimularia o ingresso informal, já que, hoje, os venezuelanos que buscam auxílio procuram o posto da PF na fronteira, permitindo ao Poder Público ter controle sobre a situação", disse Camila à **Agência Brasil**. (Rodrigues, 2018, grifo do original)

Como podemos perceber, o mundo vem passando por mais um período de crise, em função de situações de conflitos que geram grandes fluxos migratórios. Isso já havia acontecido em outros períodos. Entre os mais recentes na história moderna, destacam-se os ocorridos no século XX durante as guerras mundiais. Atualmente, a facilidade de comunicação nas redes sociais parece corroborar para o envolvimento da sociedade civil – além dos governos – nessas questões. Alguns grupos desejam amparar as pessoas em situação de fuga de seus países em conflito, enquanto outros não desejam dividir a estrutura de serviços públicos com os imigrantes, por acreditarem que estão sendo prejudicados. Como consequência, tanto no Brasil como na Europa acentuam-se os episódios de xenofobia, ou seja, de comportamentos intolerantes contra pessoas de outros países.

Dada a proporção desse problema, precisamos buscar soluções consensuais. Sob a influência da perspectiva habermasiana, poderíamos apostar no debate público, em que se pesasse a força dos argumentos e a orientação para o consenso. Primeiro, temos de reconhecer a necessidade de cumprimento dos acordos internacionais, pactuados justamente para que, em situações de conflitos, as pessoas tenham condições de buscar refúgio em outros países, na intenção de que tenham garantidos os direitos previstos na DUDH, documento de que o Brasil é um dos países signatários.

Segundo, respeitados tais acordos de convivência, é necessário que as decisões sobre os problemas emergentes sejam tomadas por meio do debate público, em que os envolvidos tenham oportunidade de se pronunciar e de participar da elaboração de soluções. Nesse sentido, as estruturas democráticas do Estado moderno oferecem mecanismos para que decisões dessa natureza sejam debatidas publicamente. As esferas públicas podem ser utilizadas para que representantes desses grupos possam participar da elaboração de diretrizes. Entretanto, tais acordos de convivência somente são efetivos quando são amplamente debatidos, sob a apreciação de argumentos e pela postura de busca de consenso.

No caso de recepção de imigrantes refugiados, os acordos de convivência elaborados com a participação dos envolvidos são de extrema importância, haja visto que nas migrações ocorre choque cultural devido à diversidade de costumes entre as nações. Entretanto, as diferenças étnicas e de costumes não devem justificar a intolerância e a negação de ajuda humanitária. Portanto, considerando o quadro de conflito latente, tanto no Brasil quanto na Europa, em relação à imigração de refugiados, a população deve ser envolvida na busca de acordos de convivência que não se oponham a outros tratados mais amplos, como a Constituição Federal, a DUDH e as decisões colegiadas da ONU. A livre comunicação com vistas à obtenção de consenso representa um caminho possível para a diminuição do racismo e da intolerância nesse período conturbado de nossa história.

Portanto, a abordagem habermasiana, que prima pelo estabelecimento de uma comunicação em que pesa o que é dito em detrimento da posição de quem o diz, revela-se como uma possibilidade para combater as diversas formas de intolerância. As decisões sobre os acordos de convivência não devem sucumbir aos interesses dos poderes político e econômico, sob pena de se tornarem instrumentos legais de dominação social. Desse modo, pela razão comunicativa, podemos lançar bases para um projeto de modernidade que contemple igualdade, justiça e liberdade.

Perguntas & respostas

Que grupos podem ser considerados minorias no contexto sociopolítico?

Aqueles grupos que não necessariamente são minorias em termos quantitativos na população, mas não possuem representação satisfatória na esfera pública. Nesse sentido, as mulheres, os negros, os indígenas e a população LGBT são exemplos de grupos com baixa representatividade direta no Congresso Nacional. Desse modo, dependem que pessoas não oriundas de seus grupos adotem suas causas para que tenham suas demandas de exercício de cidadania atendidas.

Para que servem os direitos humanos?

Os direitos humanos são necessários para a garantia da manutenção da dignidade humana de qualquer ser humano. É importante ressaltar que esses direitos não são seletivos para grupos sociais. Portanto, independentemente de origens, histórias de vida, credos, orientação sexual, raça ou estrato social, todo ser humano tem direitos dispostos na DUDH que não podem ser violados sob hipótese alguma. Caso ocorram violações das garantias dispostas na DUDH, após esgotadas as instâncias de recursos do país, a ONU poderá ser acionada para intervir na situação de violação desses diretos.

Qual é o papel da comunicação no combate à discriminação?

A liberdade para problematizar verdades postas e visões de mundo totalitárias nos permite desconstruir, pela argumentação lógica, as contradições entre o desejo de uma sociedade mais justa e as práticas de discriminação subjascentes a essas ideologias. Se não houver liberdade para que as práticas sociais sejam questionadas e problematizadas, não haverá possibilidade de se construir acordos de convivência inclusivos. Assim, é pela livre comunicação que podemos encontrar as melhores saídas para o enfrentamento das formas de discriminação.

Questões para revisão

1) Qual é a importância da orientação para o consenso nas relações sociais?
2) De que forma a comunicação livre de dominações pode construir acordos de convivência que promovam justiça e igualdade?
3) Considerando o papel da ética na comunicação, marque a alternativa correta:
    a) Os acordos de convivência devem ser determinados internamente pelo grupo, sem, necessariamente, serem subordinados a acordos mais amplos da sociedade.
    b) Para Kant, a ética é contemplativa e significa uma vida boa inserida na ordem cosmológica.
    c) Kant é considerado o grego mais influente no campo da ética moderna.
    d) Habermas sustenta que os acordos de convivência e os tratados éticos devem ser definidos sob a ação comunicativa nos espaços públicos de debate.

4) Sobre o potencial da ação comunicativa na construção da democracia, marque a alternativa **incorreta**:
   a) A promoção de debates públicos e da comunicação livre de coerções representa um caminho possível para que as minorias tenham seus direitos constitucionais resguardados.
   b) A democracia deliberativa é alcançada pela possibilidade do pleno exercício da cidadania por meio da participação nas decisões da esfera pública.
   c) A democracia representativa atual é o mais alto nível de ação comunicativa, pois as comissões parlamentares promovem debates livres de interesses de grupos políticos dominantes.
   d) A ONU representa uma tentativa de governança global em que todos os países-membros têm direito de votar a favor da defesa dos direitos humanos contidos na Declaração Universal dos Direitos Humanos (DUDH) e de vetar ações contrárias a eles.

5) Sobre a importância da ação comunicativa para a garantia dos direitos dos grupos minoritários e vulneráveis, marque a alternativa **incorreta**:
   a) Esses grupos devem ter rigorosa representatividade no Congresso Nacional, como garantia de equalização de suas demandas de cidadania em relação aos demais membros da sociedade.
   b) Os direitos à liberdade e à expressão estão resguardados apenas pela DUDH.

c) Sob uma perspectiva habermasiana, o direito à expressão oferece condições para que os acordos de convivência sejam consentidos pela força do argumento. Assim, evita-se que as maiorias decidam em função de sua representação meramente quantitativa, mesmo quando suas posições violam os direitos constitucionais das minorias.

d) Qualquer pessoa que, esgotadas as instâncias legais em seu país, tenha seus direitos humanos violados poderá realizar uma denúncia à Comissão de Direitos Humanos da Organização das Nações Unidas (ONU), buscando uma mediação para a solução de sua situação vulnerável.

Para concluir...

Ao longo desta obra, você pôde perceber que a sociologia é uma ciência ainda muito jovem, especialmente considerando outras ciências, como matemática, física ou biologia. Assim, uma de suas características é o intenso debate sobre finalidade e método. Desse modo, é evidente o papel da ação comunicativa inclusive na construção desse campo do saber: sem verdades definitivas, as abordagens sociais estão sempre sendo levadas aos seus limites, para que, desse modo, a sociologia possa avançar.

A capacidade de criar e compartilhar significados evidencia a necessidade de promover um espaço para debates em que se faça valer a força do argumento, e não o *status* do falante. A beleza do campo sociológico reside na sua capacidade de construir, descontruir e realizar metacrítica, ou seja, em permitir que haja a crítica da crítica, destituindo quaisquer verdades que sejam apoiadas em relações de poder.

O mundo contemporâneo se revela uma complexa trama de fenômenos sociais, e a própria sociologia se depara, o tempo todo, com seus limites analíticos. Por exemplo, o fenômeno da vida social virtual, os espaços virtuais de debate, as novas formas de violência social e simbólicas, bem como as redes colaborativas e as ações afirmativas para a valorização da condição humana de buscar a construção de um futuro melhor para uma sociedade que chegou aos limites da racionalidade que criou.

Haverá possibilidade de sair da gaiola de ferro imaginária criada pela razão instrumental? Para responder a essa pergunta, Habermas, uma das mentes mais brilhantes dos últimos tempos, elaborou um argumento eloquente: quaisquer mudanças sociais que visem ao fim da dominação social deverão partir da livre comunicação, ou seja, da habilidade que nos faz seres sociais e que viabilizou a construção da civilização humana, mas que se vê atualmente ameaçada pelas consequências da deformidade que os poderes político e econômico causaram no mundo da vida.

Assim, esperamos que ao longo desta obra você tenha se sentido provocado(a) a pensar o mundo com base naquilo que ele já possui em potencial, mas que não consegue ser realizado em função de barreiras à emancipação, as quais nos impedem de assumir o domínio de nossa capacidade reflexiva para pensar a realidade social de um jeito diferente, mais justa e igualitária. Desejamos que as ideias apresentadas neste livro possam ser compartilhadas livres de coerções, com respeito às diferenças, aos outros e aos acordos de convivência que nos mantêm em sociedade.

Referências

ABREU, A. A. de. (Org.). **Dicionário histórico-biográfico brasileiro pós-1930**. 2. ed. Rio de Janeiro: Ed. da FGV, 2001.

ADORNO, S. História e desventura: o 3º Programa Nacional de Direitos Humanos. **Novos Estudos CEBRAP**, São Paulo, n. 86, p. 5-20, mar. 2010. Disponível em: <http://www.scielo.br/pdf/nec/n86/n86a01.pdf>. Acesso em: 17 dez. 2018.

ADORNO, T. W.; HORKHEIMER, M. **Dialética do esclarecimento**: fragmentos filosóficos. Rio de Janeiro: JZE, 1985.

ALBERTO Guerreiro Ramos. In: **FGV CPDOC**. Disponível em: <http://www.fgv.br/cpdoc/acervo/dicionarios/verbete-biografico/alberto-guerreiro-ramos-1>. Acesso em: 7 dez. 2018.

ALMEIDA, C. A. L. de. O curso de Direito e a questão racial. **Revista Jurídica**, Curitiba, v. 1, n. 42, p. 179-213, 2016. Disponível em: <http://revista.unicuritiba.edu.br/index.php/RevJur/article/download/1490/1019>. Acesso em: 17 dez. 2018.

ALVES, L. R. Ciência e consciência, conhecimento e liberdade. **Estudos Avançados**, São Paulo, v. 26, n. 75, p. 321-338, maio/ago. 2012. Disponível em: <http://www.scielo.br/pdf/ea/v26n75/22.pdf>. Acesso em: 17 dez. 2018.

ARAGÃO, L. M. de C. **Razão comunicativa e teoria social crítica em Jürgen Habermas**. 2. ed. Rio de Janeiro: Tempo Brasileiro, 1997.

ARAÚJO, J. Z. **A negação do Brasil**: o negro na telenovela brasileira. São Paulo: Senac, 2000.

BACZYNSKA, G.; BARKIN, N.; LOUGH, R. **UE chega a acordo sobre imigração, mas divergências permanecem**. 29 jun. 2018. Disponível em: <https://br.reuters.com/article/topNews/idBRKBN1JP19Z-OBRTP>. Acesso em: 7 jan. 2019.

BARBOSA, M. S. **Guerreiro Ramos**: o personalismo negro. 23 mar. 2017. Disponível em: <https://www.geledes.org.br/guerreiro-ramos-o-personalismo-negro>. Acesso em: 20 dez. 2018.

BARROS, L. T. de. **Representações sociais da homossexualidade no ambiente de trabalho**: um estudo da zona muda. 131 f. Dissertação (Mestrado em Psicologia Social do Trabalho e das Organizações) – Universidade de Brasília, Brasília, 2015. Disponível em: <http://repositorio.unb.br/bitstream/10482/18063/1/2015_LisllyTellesdeBarros.pdf>. Acesso em: 17 dez. 2018.

BARROS FILHO, C.; MEUCCI, A. **O executivo e o martelo**: reflexões fora da caixa sobre ética nos negócios. São Paulo: Casa Educação Soluções Educacionais LTDA, 2017.

BASTOS, G. G.; GARCIA, D. A.; SOUZA, L. M. A. e. A homofobia em discurso: direitos humanos em circulação. **Linguagem em (Dis)curso**, Tubarão, v. 17, n. 1, p. 11-24, 2017. Disponível em: <http://www.scielo.br/pdf/ld/v17n1/1518-7632-ld-17-01-00011.pdf>. Acesso em: 29 dez. 2018.

BAUMAN, Z. **Modernidade e holocausto**. Tradução de Marcus Penchel. Rio de Janeiro: J. Zahar, 1998.

BBC BRASIL. **'Bota fogo!'**: o ataque de brasileiros a imigrantes venezuelanos em Pacaraima. 20 ago. 2018. Disponível em: <https://www.bbc.com/portuguese/brasil-45245644>. Acesso em: 7 jan. 2019.

_____. **'Voltem para casa'**: relatos de xenofobia inundam redes sociais após votação da Brexit. 28 jun. 2016. Disponível em: <https://www.bbc.com/portuguese/internacional-36625173>. Acesso em: 7 jan. 2019.

BERTOLLI FILHO, C. A sociologia de Gilberto Freyre e a educação para a saúde. **Ciência & Educação**, Bauru, v. 9, n. 1, p. 105-121, 2003. Disponível em: <http://www.scielo.br/pdf/ciedu/v9n1/09.pdf>. Acesso em: 17 dez. 2018.

BETONI, C. **Auguste Comte**. [S.d.]. Disponível em: <https://www.infoescola.com/biografias/auguste-comte/>. Acesso em: 18 dez. 2018.

BÔAS FILHO, O. V. Democracia: a polissemia de um conceito político fundamental. **Revista da Faculdade de Direito da Universidade de São Paulo**, São Paulo, v. 108, p. 651-696, jan./dez. 2013. Disponível em: <http://www.revistas.usp.br/rfdusp/article/view/67999/pdf_24>. Acesso em: 17 dez. 2018.

BORGES, V. R. Cultura, natureza e história na invenção alencariana de uma identidade da nação brasileira. **Revista Brasileira de História**, São Paulo, v. 26, n. 51, p. 89-114, jan./jun. 2006. Disponível em: <http://www.scielo.br/pdf/rbh/v26n51/06.pdf>. Acesso em: 17 dez. 2018.

BORGONOVI, F. **Deputado Amazonas quer incluir Caio Prado Jr. ao nome da FAPESP**. 16 ago. 2013. Disponível em: <http://www.vermelho.org.br/noticia/221432-1>. Acesso em: 20 dez. 2018.

BOSI, A. A escravidão entre dois liberalismos. **Estudos Avançados**, São Paulo, v. 2, n. 3, p. 4-39, set./dez. 1988. Disponível em: <http://www.scielo.br/pdf/ea/v2n3/v2n3a02.pdf>. Acesso em: 17 dez. 2018.

BOTTOMORE, T. **A sociologia como crítica social**. Rio de Janeiro: J. Zahar, 1976.

BOTTOMORE, T. (Ed.). **Dicionário do pensamento marxista**. Rio de Janeiro: J. Zahar, 2001.

BOURDIEU, P.; WACQUANT, L. Sobre as artimanhas da razão imperialista. **Estudos Afro-Asiáticos**, Rio de Janeiro, v. 24, n. 1, p. 15-33, 2002. Disponível em: <http://www.scielo.br/pdf/eaa/v24n1/a02v24n1.pdf>. Acesso em: 17 dez. 2018.

BRANDÃO, A. A.; MARINS, M. T. A. de. Cotas para negros no ensino superior e formas de classificação racial. **Educação e Pesquisa**, São Paulo, v. 33, n. 1, p. 27-45, jan./abr. 2007. Disponível em: <http://www.scielo.br/pdf/ep/v33n1/a03v33n1.pdf>. Acesso em: 17 dez. 2018.

BRASIL. Constituição (1988). **Diário Oficial da União**, Brasília, 5 out. 1988.

_____. Decreto n. 7.177, de 12 de maio de 2010. **Diário Oficial da União**, Brasília, DF, 13 maio 2010. Disponível em: <http://www.planalto.gov.br/ccivil_03/_Ato2007-2010/2010/Decreto/D7177.htm>. Acesso em: 17 dez. 2018.

_____. Lei n. 10.097, de 19 de dezembro de 2000. **Diário Oficial da União**, Poder Legislativo, Brasília, DF, 20 dez. 2000. Disponível em: <http://www.planalto.gov.br/ccivil_03/leis/L10097.htm>. Acesso em: 22 nov. 2018.

BRASIL. Ministério da Educação. Instituto Nacional de Estudos e Pesquisas Educacionais. Fundação Instituto de Pesquisas Econômicas. **Projeto de estudo sobre ações discriminatórias no âmbito escolar, organizadas de acordo com áreas temáticas, a saber, étnico-racial, gênero, geracional, territorial, necessidades especiais, socioeconômica e** orientação sexual. São Paulo, 2009. Disponível em: <http://portal.mec.gov.br/dmdocuments/relatoriofinal.pdf>. Acesso em: 7 jan. 2019.

BRASIL. Ministério do Trabalho. Secretaria de Políticas Públicas de Emprego. **Relação Anual de Informações Sociais (RAIS)**. Brasília, 2014.

BYANYIMA, W. 8 Men Have the Same Wealth as 3.6 Billion of the World's Poorest People. We Must Rebalance this Unjust Economy. **World Economic Forum**, 16 jan. 2017. Disponível em: <https://www.weforum.org/agenda/2017/01/eight-men-have-the-same-wealth-as-3-6-billion-of-the-worlds-poorest-people-we-must-rebalance-this-unjust-economy>. Acesso em: 22 nov. 2018.

CANDIDO, A. A sociologia no Brasil. **Tempo Social**, São Paulo, v. 18, n. 1, p. 271-301, jun. 2006. Disponível em: <http://www.revistas.usp.br/ts/article/view/12503/14280>. Acesso em: 17 dez. 2018.

CARDOSO, F. H. **Capitalismo e escravidão no Brasil meridional**: o negro na sociedade escravocrata do Rio Grande do Sul. 5. ed. rev. e ampl. Rio de Janeiro: Civilização Brasileira, 2003.

_____. **Cuestiones de sociología del desarrollo en América Latina**. Santiago: Editorial Universitaria, 1968.

_____. Um livro perene. In: FREYRE, G. **Casa-grande e senzala**: formação da família brasileira sob o regime da economia patriarcal. 51. ed. São Paulo: Global, 2006. p. 19-26.

CARMO, C. M. do. Grupos minoritários, grupos vulneráveis e o problema da (in)tolerância: uma relação linguístico-discursiva e ideológica entre o desrespeito e a manifestação do ódio no contexto brasileiro. **Revista do Instituto de Estudos Brasileiros**, São Paulo, n. 64, p. 201-223, ago. 2016. Disponível em: <http://www.scielo.br/pdf/rieb/n64/0020-3874-rieb-64-0201.pdf>. Acesso em: 17 dez. 2018.

CASAGRANDE, L. S.; CARVALHO, M. G. de; LUZ, N. S. da. (Org.). **Igualdade de gênero**: enfrentando o sexismo e a homofobia. Curitiba: Ed. da UTFPR, 2011.

CNJ – Conselho Nacional de Justiça. **O poder judiciário na aplicação da Lei Maria da Penha**. 2017. Disponível em: <http://www.cnj.jus.br/files/conteudo/arquivo/2017/10/ba9a59b474f22bbdbf7cd4f7e3829aa6.pdf>. Acesso em: 22 nov. 2018.

CNPq – Conselho Nacional de Desenvolvimento Científico e Tecnológico. **Consulta parametrizada**. Disponível em: <http://dgp.cnpq.br/dgp/faces/consulta/consulta_parametrizada.jsf>. Acesso em: 7 jan. 2019.

COMISSÃO EUROPEIA. **A UE e a crise da migração**. 2017. Disponível em: <http://publications.europa.eu/webpub/com/factsheets/migration-crisis/pt>. Acesso em: 7 jan. 2019.

COMPANHIA das Letras. **Fernando Henrique Cardoso**. [S.d.]. Disponível em: <https://www.companhiadasletras.com.br/autor.php?codigo=01506>. Acesso em: 20 dez. 2018.

COMPARATO, F. K. **A afirmação histórica dos direitos humanos**. 3. ed. São Paulo: Saraiva, 2003.

COMTE, A. **Discurso preliminar sobre o conjunto do positivismo**. Tradução de José A. Giannotti. 2. ed. São Paulo: Abril Cultural, 1978. (Coleção Os Pensadores).

CORTELLA, M. S. A ética e a produção do conhecimento hoje. **Boletim do Instituto de Saúde**, n. 35, abr. 2005.

COSTA, S. O Brasil de Sérgio Buarque de Holanda. **Sociedade e Estado**, Brasília, v. 29, n. 3, p. 823-839, set./dez. 2014. Disponível em: <http://www.scielo.br/pdf/se/v29n3/a08v29n3.pdf>. Acesso em: 17 dez. 2018.

CUNHA, C. **100 anos de Durkheim – conheça o pensamento de um dos pioneiros da sociologia**. [S.d.]. Disponível em: <https://vestibular.uol.com.br/resumo-das-disciplinas/atualidades/100-anos-de-durkheim-conheca-o-pensamento-de-um-dos-pioneiros-da-sociologia.htm>. Acesso em: 18 dez. 2018.

DANTAS, C. V. O Brasil café com leite: debates intelectuais sobre mestiçagem e preconceito de cor na primeira república. **Tempo**, Niterói, v. 13, n. 26, p. 56-79, 2009. Disponível em: <http://www.scielo.br/pdf/tem/v13n26/a04v1326.pdf>. Acesso em: 17 dez. 2018.

DAWSON, C. **A divisão da cristandade**: da Reforma Protestante à era do Iluminismo. São Paulo: É Realizações, 2014.

DESCARTES, R. **Discurso do método; Meditações; Objeções e respostas; As paixões da alma; Cartas**. 2. ed. São Paulo: Abril Cultural, 1979.

DIEESE – Departamento Intersindical de Estatística e Estudos Sócio-Econômicos. **Mapa do negro no mercado de trabalho no Brasil**. São Paulo, jun. 1999. Disponível em: <https://www.dieese.org.br/relatoriotecnico/1999/relatorioPesquisa.pdf>. Acesso em: 17 dez 2018.

DURKHEIM, E. **As regras do método sociológico**. 2. ed. São Paulo: M. Fontes, 1999.

_____. **Da divisão do trabalho social**. São Paulo: M. Fontes, 2010.

_____. **O suicídio**: estudo de sociologia. São Paulo: M. Fontes, 2000.

ELLIOTT, L.; PILKINGTON, E. New Oxfam Report Says Half of Global Wealth Held by the 1%. **The Guardian**, 19 Jan. 2015. Disponível em: <https://www.theguardian.com/business/2015/jan/19/global-wealth-oxfam-inequality-davos-economic-summit-switzerland>. Acesso em 17 dez. 2018.

EUZÉBIOS FILHO, A.; GUZZO, R. S. L. Desigualdade social e pobreza: contexto de vida e de sobrevivência. **Psicologia & Sociedade**, Florianópolis, v. 21, n. 1, p. 35-44, abr. 2009. Disponível em: <http://www.scielo.br/pdf/psoc/v21n1/05.pdf>. Acesso em: 17 dez. 2018.

FAORO, R. **Os donos do poder**: formação do patronato político brasileiro. 10. ed. São Paulo: Globo, 1995.

FERES JÚNIOR, J.; NASCIMENTO, L. F.; EISENBERG, Z. W. Monteiro Lobato e o politicamente correto. **Dados**, Rio de Janeiro, v. 56, n. 1, p. 69-108, mar. 2013. Disponível em: <http://www.scielo.br/pdf/dados/v56n1/a04v56n1.pdf>. Acesso em: 17 dez. 2018.

FERNANDES, F. **A integração do negro na sociedade de classes**. São Paulo: Ática, 1978. v. 1.

_____. **A sociologia no Brasil**: contribuição para o estudo de sua formação e desenvolvimento. Petrópolis: Vozes, 1980.

_____. **Heteronomia racial na sociedade de classes**. 15 nov. 2017. Disponível em: <https://movimentorevista.com.br/2017/11/negro-sociedade-classes-democracia-racial>. Acesso em: 20 dez. 2018.

FERREIRA, N. **Aumenta número de parlamentares negros no Congresso**. 24 fev. 2011. Disponível em: <https://www12.senado.leg.br/radio/1/noticia/aumenta-numero-de-parlamentares-negros-no-congresso>. Acesso em: 22 nov. 2018.

FREYRE, G. **Casa-grande e senzala**: formação da família brasileira sob o regime da economia patriarcal. 51. ed. São Paulo: Global, 2006.

GADAMER, H.-G. **Verdade e método I**: traços fundamentais de uma hermenêutica filosófica. 15. ed. Petropolis: Vozes, 2015.

GARCIA JR., A. A dependência da política: Fernando Henrique Cardoso e a sociologia no Brasil. **Tempo Social**, São Paulo, v. 16, n. 1, p. 285-300, jun. 2004. Disponível em: <http://www.scielo.br/pdf/ts/v16n1/v16n1a14.pdf>. Acesso em: 17 dez. 2018.

GIANNOTTI, J. A. Comte: vida e obra. In: COMTE, A. **Curso de filosofia positiva; Discurso sobre o espírito positivo; Discurso preliminar sobre o conjunto do positivismo; Catecismo positivista**. São Paulo: Abril Cultural, 1978. p. v-xviii.

GIDDENS, A. **Capitalism and Modern Social Theory**: an Analysis of the Writings of Marx, Durkheim and Max Weber. Cambridge: Cambridge University Press, 1971.

HABERMAS, J. **A constelação pós-nacional**: ensaios políticos. São Paulo: Littera Mundi, 2001.

_____. **Conhecimento e interesse**. Rio de Janeiro: Guanabara, 1987.

_____. **Direito e democracia**: entre facticidade e validade. Rio de Janeiro: Tempo Brasileiro, 1997.

_____. **Mudança estrutural da esfera pública**: investigações quanto a uma categoria da sociedade burguesa. Rio de Janeiro: Tempo Brasileiro, 1984.

_____. O que é a pragmática universal? In: _____. **Racionalidade e comunicação**. Tradução de Paulo Rodrigues. Lisboa: Edições 70, 2002. p. 9-102.

_____. Para o uso pragmático, ético e moral da razão prática. **Estudos Avançados**, São Paulo, v. 3, n. 7, p. 4-19, set./dez. 1989. Disponível em: <http://www.scielo.br/pdf/ea/v3n7/v3n7a02.pdf>. Acesso em: 17 dez. 2018.

_____. **Teoria do agir comunicativo**. São Paulo: Martins Fontes, 2012. v. 1.

HERINGER, R. Desigualdades raciais no Brasil: síntese de indicadores e desafios no campo das políticas públicas. **Cadernos de Saúde Pública**, v. 18, p. S57-S65, 2002. Disponível em: <http://www.scielo.br/pdf/csp/v18s0/13793.pdf>. Acesso em: 17 dez. 2018.

HESSEN, J. **Teoria do conhecimento**. 3. ed. São Paulo: M. Fontes, 2012.

HEYMANN, L. Q. O arquivo utópico de Darcy Ribeiro. **História, Ciências, Saúde-Manguinhos**, Rio de Janeiro, v. 19, n. 1, p. 261-282, jan./mar. 2012. Disponível em: <http://www.scielo.br/pdf/hcsm/v19n1/14.pdf>. Acesso em: 17 dez. 2018.

HORKHEIMER, M. Teoria tradicional e teoria crítica. In: BENJAMIN, W. et al. **Textos escolhidos**. São Paulo: Abril Cultural, 1975.

IANNI, O. (Org.). **Florestán Fernandes**: sociologia. 2. ed. São Paulo: Ática, 1991.

IBGE – Instituto Brasileiro de Geografia e Estatística. **Estatísticas de gênero**: indicadores sociais das mulheres no Brasil. 8 jun. 2018. Disponível em: <https://biblioteca.ibge.gov.br/visualizacao/livros/liv101551_informativo.pdf>. Acesso em: 23 nov. 2018.

_____. Pretos ou pardos são 63,7% dos desocupados. **Agência IBGE Notícias**, 17 nov. 2017. Disponível em: <https://agenciadenoticias.ibge.gov.br/agencia-noticias/2012-agencia-de-noticias/noticias/18013-pretos-ou-pardos-sao-63-7-dos-desocupados>. Acesso em: 23 nov. 2018.

ILLESCAS, F. La disputa de Leipzig, momento culminante en el rompimiento de Martin Lutero con la Iglesia Romana (1517-1521). **En-claves del pensamiento**, México, v. 4, n. 7, p. 11-31, jun. 2010. Disponível em: <http://www.scielo.org.mx/pdf/enclav/v4n7/v4n7a1.pdf>. Acesso em: 17 dez. 2018.

INTÉRPRETES do Brasil. **Oliveira Vianna**. [S.d.]. Disponível em: <http://www.interpretesdobrasil.org/sitePage/61.av>. Acesso em: 20 dez. 2018.

IRIGARAY, H. A.; FREITAS, M. E. Estratégia de sobrevivência dos gays no ambiente de trabalho. **Psicologia Política**, v. 13, n. 26, p. 75-92, 2013. Disponível em: <http://pepsic.bvsalud.org/pdf/rpp/v13n26/v13n26a06.pdf>. Acesso em: 29 dez. 2018.

JACCOUD, L. Racismo e República: o debate sobre o branqueamento e a discriminação racial no Brasil. In: THEODORO, M. (Org.). **As políticas públicas e a desigualdade racial 120 anos depois da escravidão**. Brasília: Ipea, 2008. p. 45-64.

JÚNIOR, M. **Biografia de René Descartes**. 28 fev. 2013. Disponível em: <https://www.estudopratico.com.br/biografia-de-rene-descartes>. Acesso em: 18 dez. 2018.

KANT, I. **Fundamentação da metafísica dos costumes e outros escritos**: texto integral. São Paulo: M. Claret, 2003.

LACOMBE, A. J.; SILVA, E.; BARBOSA, F. de A. **Rui Barbosa e a queima de arquivos**. Rio de Janeiro: Fundação Casa de Rui Barbosa, 1988.

LARA, L. G. A.; OLIVEIRA, S. A. Sociedade de decrescimento: uma resposta para o desenvolvimento (in)sustentável? **Farol – Revista de Estudos Organizacionais e Sociedade**, v. 5, n. 13, p. 684-722, 2018.

LARA, L. G. A.; VIZEU, F. Potencial da frankfurtianidade de Habermas em estudos organizacionais. **Cadernos EBAPE**, v. 17, p. 2-11, 2019.

LAWN, C. **Compreender Gadamer**. 3. ed. Petrópolis: Vozes, 2011.

LEHMANN, D. Gilberto Freyre: a reavaliação prossegue. **Horizontes Antropológicos**, Porto Alegre, v. 14, n. 29, p. 369-385, jan./jun. 2008. Disponível em: <http://www.scielo.br/pdf/ha/v14n29/a15v14n29.pdf>. Acesso em: 17 dez. 2018.

LIEDKE FILHO, E. D. A sociologia no Brasil: história, teorias e desafios. **Sociologias**, Porto Alegre, ano 7, n. 14, p. 376-437, jul./dez. 2005. Disponível em: <http://www.scielo.br/pdf/soc/n14/a14n14>. Acesso em: 17 dez. 2018.

LIMA, A. F. de. **A teoria crítica de Jürgen Habermas**: cinco ensaios sobre a linguagem, identidade e psicologia social. Porto Alegre: Sulina, 2015.

LIMA, V. F. S. de A. Caio Prado Junior "Formação do Brasil Contemporâneo: Colônia. **Revista Políticas Públicas**, São Luís, v. 12, n. 1, p. 117-124, jan./jun. 2008. Resenha. Disponível em: <http://www.periodicoseletronicos.ufma.br/index.php/rppublica/article/download/3847/1981>. Acesso em: 17 dez. 2018.

LOBATO, M. **Caçadas de Pedrinho**. São Paulo: Globo, 2008.

_____. _____. São Paulo: Globinho, 2016.

_____. **Urupês**. 37. ed. São Paulo: Brasiliense, 1994.

LUBENOW, J. A. Esfera pública e democracia deliberativa em Habermas: modelo teórico e discursos críticos. **Kriterion**, Belo Horizonte, v. 51, n. 121, p. 227-258, jun. 2010. Disponível em: <http://www.scielo.br/pdf/kr/v51n121/12.pdf>. Acesso em: 17 dez. 2018.

LYNCH, C. E. C. Teoria pós-colonial e pensamento brasileiro na obra de Guerreiro Ramos: o pensamento sociológico (1953-1955). **Caderno CRH**, Salvador, v. 28, n. 73, p. 27-45, jan./abr. 2015. Disponível em: <http://www.scielo.br/pdf/ccrh/v28n73/0103-4979-ccrh-28-73-0027.pdf>. Acesso em: 17 dez. 2018.

MACEDO, A. R. **Homens brancos representam 80% dos eleitos para a Câmara**. 29 jan. 2015. Disponível em <http://www2.camara.leg.br/camaranoticias/noticias/POLITICA/475684-HOMENS-BRANCOS-REPRESENTAM-71-DOS-ELEITOS-PARA-A-CAMARA.html>. Acesso em: 23 nov. 2018.

MARCUSE, H. **Materialismo histórico e existência**. Tradução de Vamireh Chacon. Rio de Janeiro: GB, 1968.

MARX, K. **O capital**: crítica da economia política. 16. ed. Rio de Janeiro: Civilização Brasileira, 1998. v. 1.

MARX, K.; ENGELS, F. **A ideologia alemã**. São Paulo: Martins Fontes, 2007.

MEDEIROS, J. da S. Considerações sobre a esfera pública: redes sociais na internet e participação política. **Transinformação**, Campinas, v. 25, n. 1, p. 27-33, 2013. Disponível em: <http://www.scielo.br/scielo.php?script=sci_arttext&pid=S0103-37862013000100003&lng=en&nrm=iso>. Acesso em: 7 jan. 2019.

MEDEIROS E ALBUQUERQUE, J. J. de C. de. Hino da Proclamação da República: letra. **Diário Oficial da União**, Rio de Janeiro, RJ, 21 de janeiro de 1890. Disponível em: <http://www2.planalto.gov.br/conheca-a-presidencia/acervo/simbolos-nacionais/hinos/hino-da-proclamacao-da-republica>. Acesso em: 9 maio 2019.

MEIRELLES, V. **Primeira Missa no Brasil**. 1860. Óleo sobre tela: 268 × 356 cm. Museu Nacional de Belas Artes, Rio de Janeiro.

MELLO, V. D. S. de; DONATO, M. R. A. O pensamento iluminista e o desencantamento do mundo: modernidade e a Revolução Francesa como marco paradigmático. **Revista Crítica Histórica**, ano 2, n. 4, p. 248-264, dez. 2011. Disponível em: <http://www.revista.ufal.br/criticahistorica/attachments/article/118/O%20Pensamento%20Iluminista%20e%20o%20Desencantamento%20do%20Mundo.pdf>. Acesso em: 17 dez. 2018.

MELO, R. **Marx e Habermas**: teoria crítica e os sentidos da emancipação. São Paulo: Saraiva, 2013.

MORAES, P. R. B. de. O jeca e a cozinheira: raça e racismo em Monteiro Lobato. **Revista de Sociologia e Política**, Curitiba, n. 8, p. 99-112, jun. 1997. Disponível em: <https://revistas.ufpr.br/rsp/article/download/39322/24141>. Acesso em: 17 dez. 2018.

MOTTA, F. C. P. **O que é burocracia**. 15. ed. São Paulo: Brasiliense, 1994.

NOBRE, M. **A teoria crítica**. Rio e Janeiro: J. Zahar, 2004.

NUNES, S. da S. Racismo no Brasil: tentativas de disfarce de uma violência explícita. **Psicologia USP**, São Paulo, v. 17, n. 1, p. 89-98, mar. 2006. Disponível em: <http://www.scielo.br/pdf/pusp/v17n1/v17n1a07.pdf>. Acesso em: 17 dez. 2018.

ONU – Organização das Nações Unidas. **Declaração universal dos direitos humanos**. Rio de Janeiro, 2009. Disponível em: <https://nacoesunidas.org/wp-content/uploads/2018/10/DUDH.pdf>. Acesso em: 17 dez. 2018.

ONUBR – Nações Unidas do Brasil. **Entre 22 países, Brasil lidera concentração de riqueza nas mãos do 1% mais rico**. 21 dez. 2017. Disponível em: <https://nacoesunidas.org/entre-22-paises-brasil-lidera-concentracao-de-riqueza-nas-maos-do-1-mais-rico>. Acesso em: 23 nov. 2018.

_____. **Países-membros da ONU**. Disponível em: <https://nacoesunidas.org/conheca/paises-membros/>. Acesso em: 7 dez. 2018.

OPINIÃO e notícia. **Gilberto Freyre**. 21 jul. 2013. Disponível em: <http://opiniaoenoticia.com.br/brasil/gilberto-freyre-2/>. Acesso em: 20 dez. 2018.

PATTO, M. H. S. Estado, ciência e política na Primeira República: a desqualificação dos pobres. **Estudos Avançados**, São Paulo, v. 13, n. 35, p. 167-198, abr. 1999. Disponível em: <http://www.scielo.br/pdf/ea/v13n35/v13n35a17.pdf>. Acesso em: 17 dez. 2018.

PAULA, C. E. A.; SILVA, A. P. da; BITTAR, C. M. L. Vulnerabilidade legislativa de grupos minoritários. **Ciência & Saúde Coletiva**, Rio de Janeiro, v. 22, n. 12, p. 3841-3848, dez. 2017. Disponível em: <http://www.scielo.br/pdf/csc/v22n12/1413-8123-csc-22-12-3841.pdf>. Acesso em: 17 dez. 2018.

PERIFERIA da informação. **Sérgio Buarque de Holanda**. 2 dez. 2015. Disponível em: <https://periferiadainformacao.wordpress.com/2015/12/02/sergio-buarque-de-holanda>. Acesso em: 20 dez. 2018.

PILLAY, N. **Conferência contra o racismo**. 28 abr. 2009. Disponível em: <https://www.unric.org/pt/actualidade/opiniao/23449>. Acesso em: 7 dez. 2018.

PLATÃO. **A alegoria da caverna**: República, Livro VII, 514a-517c.
O banquete: Apolodoro e um companheiro. Brasília: LGE, 2006.

PRADO JÚNIOR, C. **Evolução política do Brasil**: Colônia e Império. 16. ed. São Paulo: Brasiliense, 1988.

PREFEITURA DE MARICÁ. **Cineclube Henfil apresenta documentário sobre Darcy Ribeiro**. 24 mar. 2014. Disponível em: <https://www.marica.rj.gov.br/2014/03/24/cineclube-henfil-apresenta-documentario-sobre-darcy-ribeiro>. Acesso em: 20 dez. 2018.

PROENCA FILHO, D. A trajetória do negro na literatura brasileira. **Estudos Avançados**, São Paulo, v. 18, n. 50, p. 161-193, abr. 2004. Disponível em: <http://www.scielo.br/pdf/ea/v18n50/a17v1850.pdf>. Acesso em: 17 dez. 2018.

QUINTANEIRO, T.; BARBOSA, M. L. de O.; OLIVEIRA, M. G. de. **Um toque de clássicos**: Marx, Durkheim e Weber. Belo Horizonte: Ed. da UFMG, 1999.

RAMOS, A. G. O problema do negro na sociologia brasileira. **Cadernos do Nosso Tempo**, n. 2, p. 189-220, jan./jun. 1954.

REESE-SCHÄFER, W. **Compreender Habermas**. Tradução de Vilmar Schneider. 3. ed. Petrópolis: Vozes, 2009.

REIS, E. P. Dossiê desigualdade: apresentação. **Revista Brasileira de Ciências Sociais**, São Paulo, v. 15, n. 42, p. 73-75, fev. 2000. Disponível em: <http://www.scielo.br/pdf/rbcsoc/v15n42/1737.pdf>. Acesso em: 17 dez. 2018.

REIS, J. C. Anos 1960: Caio Prado Jr. e "A Revolução Brasileira". **Revista Brasileira de História**, São Paulo, v. 19, n. 37, p. 245-277, set. 1999.

REZENDE FILHO, C. de B. **História econômica geral**. São Paulo: Contexto, 1997.

RIBEIRO, A. M. Darcy Ribeiro e o enigma Brasil: um exercício de descolonização epistemológica. **Sociedade e Estado**, Brasília, v. 26, n. 2, p. 23-49, maio/ago. 2011. Disponível em: < http://www.scielo.br/pdf/se/v26n2/v26n2a03.pdf>. Acesso em: 17 dez. 2018.

RIBEIRO, F. R. A construção da nação (pós-) colonial: África do Sul e Suriname, 1933-1948. **Estudos Afro-Asiáticos**, Rio de Janeiro, v. 24, n. 3, p. 483-512, 2002. Disponível em: <http://www.scielo.br/pdf/eaa/v24n3/a03v24n3.pdf>. Acesso em: 17 dez. 2018.

RICOEUR, P. **Interpretação e ideologias**. Rio de Janeiro: F. Alves, 1990.

RODRIGUES, A. **Roraima pede ao STF fechamento da fronteira com a Venezuela**. 13 abr. 2018. Disponível em: <http://agenciabrasil.ebc.com.br/geral/noticia/2018-04/roraima-pede-ao-stf-que-determine-fechamento-da-fronteira-com-venezuela>. Acesso em: 7 dez. 2018.

RODRIGUES, L. de O. **Introdução à teoria de Max Weber**. [S.d.]. Disponível em: <https://brasilescola.uol.com.br/sociologia/introducao-teoria-max-weber.htm>. Acesso em: 18 dez. 2018a.

_____. **Karl Marx**. [S.d.]. Disponível em: <https://brasilescola.uol.com.br/sociologia/karl-marx.htm>. Acesso em: 18 dez. 2018b.

SACHS, W. **Dicionário do desenvolvimento**: guia para o conhecimento como poder. Petrópolis: Vozes, 2000.

SANTOS, M. **Por uma outra globalização**: do pensamento único à consciência universal. 11. ed. Rio de Janeiro: Record, 2004.

SANTOS, R. A. dos. 'Branqueamento' do Brasil. **História, Ciências, Saúde-Manguinhos**, Rio de Janeiro, v. 15, n. 1, p. 221-224, jan./mar. 2008. Disponível em: <https://www.redalyc.org/pdf/3861/386138034014.pdf>. Acesso em: 17 dez. 2018.

SCHEUERMAN, W. E. **Habermas and the Fate of Democracy**. 12 abr. 2017. Disponível em: <http://bostonreview.net/philosophy-religion/william-e-scheuerman-habermas-and-fate-democracy>. Acesso em: 27 dez. 2018.

SCHNEIDER, A. L. O Brasil de Sílvio Romero: uma leitura da população brasileira no final do século XIX. **Projeto História**, São Paulo, n. 42, p. 163-183, jun. 2011. Disponível em: <https://revistas.pucsp.br/revph/article/download/7982/5852>. Acesso em: 17 dez. 2018.

SCHWARCZ, L. M. Espetáculo da miscigenação. **Estudos Avançados**, São Paulo, v. 8, n. 20, p. 137-152, jan./abr. 1994. Disponível em: <http://www.scielo.br/pdf/ea/v8n20/v8n20a17.pdf>. Acesso em: 17 dez. 2018.

_____. **O espetáculo das raças**: cientistas, instituições e questão racial no Brasil – 1870-1930. São Paulo: Companhia das Letras, 2001.

SUASSUNA, A. **Auto da Compadecida**. 25. ed. Rio de Janeiro: Agir, 1990.

THEODORO, M. A formação do mercado de trabalho e a questão racial no Brasil. In: THEODORO, M. (Org.). **As políticas públicas e a desigualdade racial 120 anos depois da escravidão**. Brasília: Ipea, 2008. p. 19-47.

THERBORN, G. Globalização e desigualdade: questões de conceituação e esclarecimento. **Sociologias**, Porto Alegre, ano 3, n. 6, p. 122-169, 2001. Disponível em: <http://www.scielo.br/pdf/soc/n6/a07n6.pdf>. Acesso em: 17 dez. 2018.

VIANNA, F. J. de O. **Raça e assimilação**. 2. ed. São Paulo: Companhia Editora Nacional, 1934.

VIZEU, F.; CICMANEC, E. R. A música que encanta, o discurso que aprisiona: a distorção comunicativa em uma loja de departamentos. **Cadernos EBAPE.BR**, Rio de Janeiro, v. 11, n. 1, p. 149-164, mar. 2013. Disponível em: <http://bibliotecadigital.fgv.br/ojs/index.php/cadernosebape/article/download/7866/6533>. Acesso em: 17 dez. 2018.

VON MISES, L. **As seis lições**. Rio de Janeiro: J. Olympio, 1985.

WEBER, M. **A ética protestante e o espírito do capitalismo**. 10. ed. São Paulo: Pioneira, 1996.

_____. **Conceitos básicos de sociologia**. Tradução de Rubens Eduardo Ferreira Frias e Gerard Georges Delaunay. São Paulo: Centauro, 2002.

_____. **Ensaios de sociologia**. 5. ed. São Paulo: LTC, 2010.

WIGGERSHAUS, R. **Escola de Frankfurt**: história, desenvolvimento teórico, significação política. Rio de Janeiro: Difel, 2002.

Respostas

Capítulo 1

Questões para revisão

1) A sociologia foi considerada por Auguste Comte como o campo científico que permitiria a unificação de todos os demais. A partir dela, seria possível que a ciência tivesse uma forma unificada de geração de conhecimentos, permitindo chegar à verdade sobre as coisas do mundo. O filósofo francês acreditava que as revoluções e os conflitos somente seriam superados pela doutrina positivista, filosofia que levaria a humanidade para seu grau mais elevado de progresso.

2) Durkheim concebeu um método sociológico presumindo o afastamento do fenômeno analisado, ou seja, uma sociologia descritiva. Marx, por sua vez, desenvolveu uma teoria por meio do engajamento na necessidade de se reduzir a desigualdade, isto é, uma sociologia para mudança.

3) b
4) a
5) a

Capítulo 2

Questões para revisão

1) Podemos considerar a desigualdade estrutural da sociedade como análoga a um fato social porque ela é exterior ao indivíduo e o insere em determinado estrato social independentemente de sua vontade.
2) Sob uma perspectiva weberiana, devemos considerar que existem aspectos simbólicos da vida social que interferem na sociedade tanto quanto as condições materiais e econômicas, como prestígio social, reconhecimento, nível educacional etc.
3) b
4) c
5) b

Capítulo 3

Questões para revisão

1) Entre os elementos eugenistas mais presentes no pensamento social brasileiro do início do século XX, estava a ideia de que o branqueamento pela supressão da influência das culturas afro e indígena no Brasil representaria vias para o progresso, pois as culturas afro e indígena eram consideradas atrasadas em relação à europeia. Após a criação da Escola de Sociologia e Política de São Paulo, nos anos de 1940, a sociologia brasileira passou a ser considerada academicamente madura. Sua característica era promover uma análise crítica da construção histórica de nossa sociedade e a denúncia das contradições da ideia de democracia racial que velava a desigualdade racial do cotidiano. Com o golpe militar de 1964, os intelectuais brasileiros passaram a teorizar também sobre formas para

a reconstrução da democracia no país, o que levou muitos deles a atuarem na política, como Darcy Ribeiro, Guerreiro Ramos e Fernando Henrique Cardoso, eleito presidente do Brasil em 1994.
2) b
3) c
4) d

Capítulo 4

Questões para revisão

1) A abolição dos escravos não veio acompanhada de uma política pública de inclusão dos libertos na sociedade. Muitos permaneceram sob as mesmas condições de vida nas fazendas e outros se acumularam sem trabalho nas periferias dos centros urbanos. Com isso, suas condições econômicas eram insustentáveis e não permitiam que eles subsidiassem de forma satisfatória a escolarização ou a formação técnica de seus filhos, mantendo a segregação social geração após geração, sem meios para a emancipação econômica.
2) Em meio às várias manifestações que cada leitor pode ter vivenciado, apontamos os discursos que sustentam que os negros excluídos do sistema econômico podem concorrer de forma justa por uma vaga no mercado de trabalho. Tais discursos ignoram que, embora não haja diferenças na capacidade intelectiva relacionadas à raça, o que determina as oportunidades são os capitais simbólicos, como acesso às melhores escolas, universidades em que há predominância de brancos, salvo onde existe intervenção de políticas públicas para garantir a reserva de um percentual de vagas às populações negras segregadas ao longo de nossa história.

3) c
4) c
5) d

Capítulo 5

Questões para revisão

1) O projeto moderno de sociedade fundado no Iluminismo era pautado na ideia de que a razão humana era capaz de conduzir a sociedade a um patamar elevado de técnica e de ética. Com isso, haveria a consecução de um percurso evolutivo cujo resultado seria uma sociedade melhor para se viver, pautada na liberdade, na igualdade e na fraternidade.

Desde que o ser humano se encarregou da construção do futuro e o idealizou com base na razão, houve significativos avanços que permitem à população atual ter, por exemplo, expectativa de vida mais longa do que os antepassados, menor esforço muscular para trabalhar, comunicação mais rápida e deslocamentos territoriais mais seguros.

Entretanto, a ideia de progresso linear, quando guiada pela razão, sofreu desgastes em função de acontecimentos que, a reboque da evolução das técnicas produtivas e da racionalidade instrumental, criaram condições para conflitos com consequências trágicas no campo social.

Dentre os acontecimentos que levaram muitos pensadores a sugerir que o projeto racional de modernidade tinha fracassado, podemos citar:

- A crescente desigualdade social, que, a despeito da capacidade progressiva de produção de bens, tem um efeito colateral de aumentar a acumulação de riqueza nas mãos de poucas pessoas. Segundo relatório de Davos de 2015, metade da riqueza mundial estava concentrada nas mãos de 1% da população. Em 2007,

8 pessoas detinham uma fortuna equivalente à soma dos patrimônios das 3,6 bilhões de pessoas mais pobres do planeta.
- As duas Grandes Guerras, que demonstraram o poder das armas de destruição em massa, desenvolvidas com o avanço da ciência que, por princípio, teria uma função de melhoria das condições de da vida, e não de causar mortes.
- A alienação do ser humano causada pelo processo produtivo das máquinas, que subverteu a expectativa de exercício de liberdade. O tempo mecânico da máquina passou a condicionar o tempo orgânico do homem (estabelecendo horários para descansar, acordar, alimentar-se, divertir-se etc.). Assim, a técnica produtiva criada pelo próprio ser humano se tornou um instrumento de dominação e de alienação na vida moderna.

2) A virada linguística significou o despertar das ciências humanas e sociais para o caráter ontológico da linguagem, isto é, a linguagem como fundadora da realidade social, e não mais como mero veículo do pensamento racional.
3) c
4) b
5) a

Capítulo 6
Questões para revisão

1) A comunicação orientada para o consenso permite que haja coesão social, compartilhamento de significados e a não instrumentalização do ouvinte para atingir fins que não lhe são claros. O consenso presume liberdade para questionamentos e a construção de verdades pela força do argumento, livre das coerções do sistema.

2) Pautada no direito à liberdade, a comunicação livre de distorções viabiliza o debate sobre decisões referentes aos acordos de consciência. Com isso, quaisquer cidadãos podem exercer o direito de questionar até que se atinja um consenso, mitigando a possibilidade de dominação social via imposições de verdades unilaterais.
3) d
4) c
5) b

Sobre o autor

Luiz Gustavo Alves de Lara é graduado em Administração pela Universidade Estadual do Centro-Oeste (Unicentro); pós-graduado em Administração de Empresas pela Fundação Getúlio Vargas (ISAE-FGV); e MBA em Recursos Humanos pela Faculdade de Tecnologia Internacional (Fatec Internacional – Centro Universitário Internacional Uninter).
É mestre em Administração pela Universidade Positivo (UP) e doutorando em Administração pela mesma instituição. Atualmente, tem se dedicado à pesquisa na área de estudos críticos, articulando Teoria Crítica e hermenêutica crítica em estudos organizacionais.

Os papéis utilizados neste livro, certificados por instituições ambientais competentes, são recicláveis, provenientes de fontes renováveis e, portanto, um meio **respons**ável e natural de informação e conhecimento.

Impressão: Reproset
Julho/2019